EMPREENDEDORISMO
CONSCIENTE

RODRIGO CAETANO
PEDRO PARO

EMPREENDEDORISMO
CONSCIENTE

Como melhorar o mundo e ganhar dinheiro

Rio de Janeiro, 2020

Empreendedorismo Consciente
Copyright © 2020 da Starlin Alta Editora e Consultoria Eireli. ISBN: 978-85-508-1517-6

Todos os direitos estão reservados e protegidos por Lei. Nenhuma parte deste livro, sem autorização prévia por escrito da editora, poderá ser reproduzida ou transmitida. A violação dos Direitos Autorais é crime estabelecido na Lei nº 9.610/98 e com punição de acordo com o artigo 184 do Código Penal.

A editora não se responsabiliza pelo conteúdo da obra, formulada exclusivamente pelo(s) autor(es).

Marcas Registradas: Todos os termos mencionados e reconhecidos como Marca Registrada e/ou Comercial são de responsabilidade de seus proprietários. A editora informa não estar associada a nenhum produto e/ou fornecedor apresentado no livro.

Impresso no Brasil — 1ª Edição, 2020 — Edição revisada conforme o Acordo Ortográfico da Língua Portuguesa de 2009.

Publique seu livro com a Alta Books. Para mais informações envie um e-mail para autoria@altabooks.com.br

Obra disponível para venda corporativa e/ou personalizada. Para mais informações, fale com projetos@altabooks.com.br

Produção Editorial	Produtor Editorial	Marketing Editorial	Editor de Aquisição	Ouvidoria
Editora Alta Books	Illysabelle Trajano	Lívia Carvalho	José Rugeri	ouvidoria@altabooks.com.br
Gerência Editorial	Juliana de Oliveira	marketing@altabooks.com.br	j.rugeri@altabooks.com.br	
Anderson Vieira	Thiê Alves	**Vendas Atacado e Varejo**	Márcio Coelho	
	Assistente Editorial	Daniele Fonseca	marcio.coelho@altabooks.com.br	
	Keyciane Botelho	Viviane Paiva		
	Rodrigo Dutra	comercial@altabooks.com.br		

Equipe Editorial	Adriano Barros	Laryssa Gomes	Paulo Gomes	Thales Silva
	Ana Carla Fernandes	Leandro Lacerda	Raquel Porto	Thauan Gomes
	Ian Verçosa	Maria de Lourdes Borges	Thais Dumit	Leandro Lacerda
	Larissa Lima			

Revisão Gramatical	Diagramação	Layout
Fernanda Lutfi	Lucia Quaresma	Carolinne Oliveira
Paola Goussain		

Erratas e arquivos de apoio: No site da editora relatamos, com a devida correção, qualquer erro encontrado em nossos livros, bem como disponibilizamos arquivos de apoio se aplicáveis à obra em questão.
Acesse o site www.altabooks.com.br e procure pelo título do livro desejado para ter acesso às erratas, aos arquivos de apoio e/ou a outros conteúdos aplicáveis à obra.

Suporte Técnico: A obra é comercializada na forma em que está, sem direito a suporte técnico ou orientação pessoal/exclusiva ao leitor.

A editora não se responsabiliza pela manutenção, atualização e idioma dos sites referidos pelos autores nesta obra.

Dados Internacionais de Catalogação na Publicação (CIP) de acordo com ISBD

C128e	Caetano, Rodrigo
	Empreendedorismo Consciente: como melhorar o mundo e ganhar dinheiro / Rodrigo Caetano, Pedro Paro. - Rio de Janeiro : Alta Books, 2020.
	256 p. ; 16cm x 23cm.
	Inclui índice.
	ISBN: 978-85-508-1517-6
	1. Administração. 2. Empreendedorismo. I. Paro, Pedro. II. Título.
	CDD 658.421
2020-211	CDU 65.016

Elaborado por Vagner Rodolfo da Silva - CRB-8/9410

Rua Viúva Cláudio, 291 — Bairro Industrial do Jacaré
CEP: 20.970-031 — Rio de Janeiro (RJ)
Tels.: (21) 3278-8069 / 3278-8419
www.altabooks.com.br — altabooks@altabooks.com.br
www.facebook.com/altabooks — www.instagram.com/altabooks

DEPOIMENTOS SOBRE O LIVRO

"Para quem quer uma inspiração para mudar o país enquanto faz o bem e gera resultados, este livro apresenta casos muito interessantes, por resgatarem nossa esperança em uma sociedade livre, próspera e principalmente humana por intermédio do empreendedorismo."

CARLOS BREMER
Cofundador do Instituto Capitalismo Consciente Brasil (ICCB)

"Os casos relatados nesta obra, além de servirem de inspiração a todos que querem empreender algo lucrativo, mostram que é possível gerar impacto positivo na sociedade e no planeta a partir de uma atividade produtiva típica do sistema capitalista, desmistificando, portanto, aquela falsa ideia de incompatibilidade entre negócios e desenvolvimento sustentável."

RICARDO CATTO
Conselheiro do Instituto Capitalismo Consciente Brasil (ICCB)

"Rodrigo Caetano e Pedro Paro trazem neste livro exemplos de líderes e negócios no Brasil que conseguem prosperar de forma consciente. Para esses líderes, os meios importam tanto quanto os fins. Como consequência, os resultados, inclusive financeiros, são excepcionais. O leitor, ao iniciar o livro, entrará em uma jornada de reflexão com potencial de levar seus negócios ao novo patamar de consciência que irradia benefícios às várias partes envolvidas. A sociedade agradece! Boa leitura."

PROF. DR. MATEUS GEROLAMO
Professor e pesquisador da Universidade de São Paulo
(EESC-USP)

AGRADECIMENTOS

Primeiramente, agradecemos ao Prof. Raj Sisodia pela inspiração metodológica com a pesquisa *Firms of Endearment* e, principalmente, por ter apoiado a realização da pesquisa *Empresas Humanizadas do Brasil*. Gostaríamos de agradecer também a todos os fundadores do Instituto Capitalismo Consciente Brasil (ICCB). Sem ele, talvez, este trabalho não teria acontecido.

À Selma Caetano, pelo trabalho de edição e orientação, fundamentais para definir a maneira como as histórias seriam contadas no livro.

Ao Prof. Mateus Gerolamo, pela orientação metodológica e garantia da qualidade do trabalho de pesquisa. A todos os alunos do grupo de Gestão de Mudanças da Universidade de São Paulo (EESC–USP), que contribuíram com esta pesquisa: primeiro, a Lucas Francato, Alisson Pereira e João Missiato, por terem fundado o Capitalismo Consciente Universidades; a Ciro Scaf, Ana Luiza Martins, Bruno Alcantara, Rosival Neto, Heloísa Rocha, André Vianna, Vitor Bergamaschi, por terem desenvolvido os trabalhos da 1ª edição da pesquisa *Empresas Humanizadas do Brasil* (2018/19). Agradecemos também à Karina Yosida e Akemi Martins Doy, da UFSCar, por nos apoiarem no momento mais crítico da pesquisa.

Reconhecemos e agradecemos também o esforço de todos que, direta ou indiretamente, contribuíram com esse enorme trabalho. Em especial ao Hugo Bethlem, por ter feito a conexão entre o Rodrigo e o Pedro e por ter apoiado a pesquisa por meio do ICCB. À Daniela Garcia e Lia Esumi, por nos oferecem suporte sempre que necessário. Ao Ricardo Catto, Carlos Bremer e Ulisses Zamboni, pela mentoria, questionamentos e aconselhamentos durante toda a pesquisa.

Agradecemos também ao Hygor Amorim e Gustavo Palma, da OZ Produtora, por comprarem a ideia do projeto e apoiarem as filmagens das entrevistas com as lideranças das Empresas Humanizadas. Ao Gefferson Eusébio e Tércio Silveira, da Máindi Assessoria de Imprensa, por possibilitarem que a mensagem desse trabalho se espalhasse pelo Brasil.

Agradecemos, por fim, a todos que estão contribuindo para que o aprendizado e a proposta de um novo rumo para o futuro dos negócios possa chegar a vários empresários de diferentes regiões, como já está ocorrendo em Vitória (ES), Fortaleza (CE), Sorocaba (SP), Belo Horizonte (MG), Rio de Janeiro (RJ), México, Portugal, Espanha, Israel, EUA, e tantas outras cidades, regiões e partes do mundo.

DEDICATÓRIAS

A toda minha família, em especial a minha esposa Roberta, meu porto seguro nos momentos difíceis e minha parceira em todos os projetos.

RODRIGO CAETANO

Dedico este livro a toda minha família. Em especial a minha filha Laura, fonte de inspiração de um mundo melhor que nasceu durante este projeto.

PEDRO PARO

"A forma mais elevada de inteligência humana é dirigir a atenção desprovida de julgamento."

Jiddu Krishnamurti,
filósofo indiano.

SOBRE OS AUTORES

Rodrigo Caetano e Pedro Paro se conheceram em dezembro de 2017. Logo após ter sido premiado por uma publicação sobre o Capitalismo Consciente, Rodrigo estava iniciando o planejamento de um projeto para coletar as histórias de lideranças conscientes do Brasil. Enquanto isso, o Pedro estava avançado junto com o time de pesquisa da Universidade de São Paulo (EESC-USP) na construção da base de dados multi-*stakeholders* da pesquisa Empresas Humanizadas do Brasil. Após o final da pesquisa, o grupo tinha interesse na publicação de um livro contando os aprendizados dessa jornada. Ambos contataram o Hugo Bethlem, diretor geral do Instituto Capitalismo Consciente Brasil (ICCB), para contar sobre seus projetos. Foi a partir desse momento que Hugo conectou ambos, que encontraram-se pela primeira vez em um café da Starbucks em São Paulo e, então, começaram a trabalhar na pesquisa junto com o Prof. Mateus Gerolamo, orientador do Pedro Paro. Logo, eles perceberam que havia forte sinergia e sincronicidade e este livro é o primeiro trabalho dessa parceria.

RODRIGO CAETANO

Rodrigo Caetano é jornalista e escreve sobre economia e negócios, e venceu os prêmios mais importantes do jornalismo brasileiro, como o Petrobras e o Citi Journalistic Excellence Awards, concedido pelo Citibank e pela Columbia Graduate School of Journalism. Seu trabalho é marcado por um olhar humanizado sobre a economia e a atuação das empresas, que se reflete em reportagens centradas nas pessoas. Mais do que números e resultados, suas pautas retratam as relações humanas por trás dos grandes negócios, seja do ponto de vista daqueles que têm o poder da decisão, ou dos que são impactados por elas. Além disso, ocupou cargos de repórter, editor e colunista nas principais publicações econômicas do Brasil E, atualmente, é setorista de sustentabilidade na revista Exame.

SOBRE OS AUTORES XV

PEDRO ERNESTO PARO

Pedro vem de uma família de classe média de Franca, interior de São Paulo. Seus questionamentos sobre o trabalho e os negócios começaram logo na infância, ao ver a dinâmica da evolução de sua própria família. Seus bisavós e avós trabalhavam no campo, o vô Pedro trabalhou como sapateiro e seu pai como bancário. Ele pôde observar e sentir reflexos de diferentes revoluções do mundo.

Pedro foi o primeiro da família a ingressar em uma universidade pública, e também o primeiro a empreender o próprio negócio. Tem 20 anos de experiência como jogador de basquete, sendo destaque nas categorias de base desse esporte que lhe serve como inspiração para superar desafios em grupo. É casado com a Renata Paro, bióloga que lhe ajuda com metáforas para compreender a evolução organizacional a partir da Biologia. Também é o pai da Laura, sua grande fonte de transformação e inspiração para um futuro melhor.

É um pesquisador, aluno, professor, palestrante e facilitador. Ele se reconhece como um engenheiro de ecossistemas humanos e tem como propósito apresentar um novo rumo para o futuro dos negócios. Aconselha e desenvolve líderes no caminho de uma transformação de sua organização. É o idealizador e responsável pela pesquisa Empresas Humanizadas do Brasil (www.humanizadas.com), estudo de proporções inéditas e com potencial de impacto global.

Graduado em Engenharia de Produção Mecânica na EESC–USP, também fez mestrado e doutorado na mesma instituição. É pesquisador do grupo de Gestão de Mudanças da Universidade de São Paulo (Escola de Engenharia de São Carlos, EESC/USP).

A partir de sua pesquisa de mestrado, cofundou em 2016 a Trustin (www.trustin.com.br), consultoria especializada em projetos de propósito, cultura e estratégia. Pela Trustin, já atuou em médias e grandes empresas nacionais, como BMA Advogados, Caterpillar, Construtora Compasso, Instituto Inova, LG Lugar de Gente, Rio Quente Resorts, Santander, Sanca Hub e Santa Casa de São Carlos.

A partir de seu doutorado, nasceu o projeto Empresas Humanizadas, que já avaliou algumas das melhores empresas do Brasil, como Hospital Albert Einstein, O Boticário, Clearsale, Fazenda da Toca, Grupo Jacto, Mercos, Natura, Raccoon, Reserva e várias outras. Pedro também é conselheiro do Enactus USP São Carlos, grupo acadêmico que desenvolve projetos de impacto social. Vem desenvolvendo estratégias de mudança e inovação para empresas de diferentes segmentos — tecnologia, indústria, saúde e serviços. É multiespecialista de formação, abrangendo temas como capitalismo consciente, cultura organizacional, propósito, estratégia de negócios, liderança consciente, gestão de mudanças, sistemas complexos, geração de valor compartilhado, gestão de stakeholders, teoria U, PNL e abordagem integral.

PREFÁCIO
por Hugo Bethlem

Em 2005, eu era VP Executivo do Grupo Pão de Açúcar (GPA) e o Abílio Diniz havia conhecido o famoso guru em administração de negócios Jim Collins, que escreveu um dos livros mais vendidos de *business* no mundo: *Good to Great* (no Brasil, *Empresas feitas para Vencer*), e estava apaixonado pelos seus conceitos. Dessa forma, nos passou o livro para que lêssemos na Diretoria Executiva, uma vez que seu sonho era que o GPA não fosse apenas uma empresa *good*, mas sim uma empresa *great*. E assim o fizemos. Muito me encantei com os conceitos do livro e as histórias de suas onze empresas *great*, os conceitos do "Líder nível 5" e outros. Realmente, buscamos seguir alguns desses preceitos e o GPA alcançou essa excelência nos anos seguintes.

Veio a "crise americana do *subprime*", que, imediatamente, contaminou a economia mundial em 2008/2009 e, com isso, duas das empresas *great* quebraram, vieram à falência! Ora nos perguntamos: "algo está faltando nesse modelo", pois toda corrente é tão forte quanto seu elo mais fraco. Em 2011/2012, conhecemos o Prof. Raj Sisodia (atualmente, professor emérito no Babson College — EUA) que havia escrito em coautoria com David B. Wolfe e Jag Sheth, na mesma época do *Good to Great* (G2G), o livro *Firms of Endearment* (traduzido inicialmente no Brasil como *O Segredo das Empresas Mais Queridas* e, posteriormente, como *Empresas Humanizadas*). Nele, uma das empresas é o *Whole Foods Market*, em que seu cofundador e CEO, John Mackey, se identificou e juntamente com o Raj Sisodia cofundaram o movimento Conscious Capitalism, em 2008.

Com a "crise americana do *subprime*", o trio resolveu atualizar a pesquisa com as 18 empresas originais, identificando que nenhuma das 18 empresas pesquisadas quebrou ou faliu na crise de 2008/2009 e, pelo contrário, todas cresceram muito acima das empresas G2G e das empresas S&P500. Esses dados estão no livro *Firms of Endearment* 2.0 (que, no Brasil, foi traduzido como "Empresas Humanizadas: Pessoas, Propósito e Performance"). Em 2013, um grupo de 20 empresários brasileiros, inconformados com o jeito com que os negócios vinham sendo conduzidos no Brasil, decidiu fundar o Instituto Capitalismo Consciente Brasil (ICCB) e, de lá para cá, muito trabalho foi feito com o objetivo de viver este propósito: "ajudar a transformar o Brasil por meio da inspiração de negócios conscientes, sustentáveis e inovadores."

Dizem que as duas maiores criações da humanidade foram o fogo e a internet, mas não não é possível desconsiderar uma das maiores contribuições para a humanidade, que, entre essas duas e, na verdade, até como prerrogativa para a internet, foi o Capitalismo, logo no início da Revolução Industrial, por volta de 1800. Em seu livro, *Uma investigação sobre a natureza e as causas da riqueza das nações*, mais conhecido como "A riqueza das nações", de 1776, Adam Smith escreve que uma nação não era mais rica que a outra por suas reservas naturais, por sua arte e cultura, por seus artesãos ou por sua agricultura, mas, sim, de acordo com o grau de liberdade de seu povo. Isto é, o livre mercado já era um predicado para o florescimento do Capitalismo.

Todos sabemos que os EUA são o berço da liberdade econômica e que o Brasil padece dessa liberdade, onde temos muita ingerência e tutela do Estado para fazermos negócios (somos o 120º país do mundo mais difícil de se fazer negócios), então nos perguntávamos: será que uma pesquisa nos moldes das Empresas Humanizadas, com empresas atuando no mercado brasileiro, daria os mesmos resultados? Como poderão apreciar neste delicioso livro, a resposta é SIM!

Ou seja, a prática dos pilares do Capitalismo Consciente — Propósito Maior, Orientação para *Stakeholders*, Cultura Consciente e Liderança Consciente — gera impactos altamente positivos nos resultados das empresas, com maior engajamento de seus colaboradores, maior fidelidade de seus consumidores, maior parceria de seus fornecedores, maior orgulho de sua comunidade e, finalmente, maior retorno a seus acionistas! Em Filosofia, diz-se que os animais primeiro "se explicam, depois existem", o que significa que uma abelha será sempre uma abelha e que não há a possibilidade de as abelhas se rebelarem e destituírem a abelha rainha. Nasceu abelha, viverá e morrerá abelha. Os seres humanos "primeiro existem, depois se explicam", isso quer dizer que nascemos, vivemos, buscamos e achamos um Propósito que explica nossa existência na Terra e, depois, morremos, com o compromisso cumprido ou passamos de forma efêmera e inútil nossa vida, só consumindo recursos naturais e devolvendo lixo ao planeta. As empresas também devem ter um Propósito Maior que responda às seguintes perguntas: "Por quê existimos?"; "Qual diferença fazemos para nossa comunidade?"; "Se desaparecermos amanhã, quem sentirá nossa falta?" Parece muito simples, mas não é!

Hoje, o Brasil tem 27 milhões de empreendedores que empregam 60 milhões de pessoas, que representam 75% de toda população economicamente ativa. Ou seja, a responsabilidade moral, econômica, financeira e social com essas pessoas é gigantesca. Perseguir o lucro é apenas o interesse do acionista, em detrimento dos interesses dos demais *stakeholders*, a qualquer custo, é um crime para com a sociedade e o planeta. Por isso, empresas que irão perpetuar e prosperar são aquelas que perseguem seu Propósito Maior, alinhando seus interesses aos de todos os *stakeholders*, na geração de riqueza, em que a parcela do acionista chama-se lucro e ele terá uma surpresa do tamanho de seu retorno ao retirar sua parte e a reinvestir no negócio, gerando mais e mais riqueza para todos os *stakeholders*.

Motivado pela Operação Lava-Jato, um inconformismo motivou o Prof. Pedro Paro a mudar sua tese de doutorado para desenvolver esta pesquisa no Brasil. Mostrar que existem, sim, empresários e empreendedores conscientes no país e que não somos o reflexo de empresas corruptas e inconscientes. São alguns desses Empreendedores Conscientes que vocês conhecerão, agora, neste livro escrito pelo jornalista Rodrigo Caetano, a quem agradeço o carinho de ter aceitado este desafio, baseado em um trabalho profundo de pesquisa acadêmica do Prof. Pedro Paro para seu doutoramento na USP — São Carlos, a quem reconheço o profissionalismo e paixão acadêmica pela pesquisa de alta qualidade, mentorado pelo Prof. Mateus Gerolamo, inspirador e provocativo, e, orientado na metodologia e consultoria do Prof. Raj Sisodia, que mesmo à distância muito contribuiu para sua conclusão. Nada muda se você não mudar; por isso, a reflexão à frase do poeta uruguaio Eduardo Galeano: "somos o que fazemos, mas somos, principalmente, o que fazemos para mudar o que somos."

Boa leitura!

PREFÁCIO
por Rony Meisler, presidente do Instituto Capitalismo Consciente Brasil

Seja oportunista!

A Reserva, empresa que cofundei e tenho a honra de liderar há 13 anos, sempre foi movida por nossos valores. Um lance meio judaico (nossa cultura e religião) de ir realizando as coisas sempre com a preocupação de não cagar ainda mais com a sociedade e com o meio ambiente.

Em 2016, a revista americana *FastCompany* nos elegeu uma das empresas mais inovadoras do mundo. Aquilo me deixou tão orgulhoso como surpreso e eu perguntei para o editor da revista o porquê da premiação. A molecada hoje sai da faculdade em busca do "sonho grande" e da invenção do "novo Facebook". Nunca estivemos ligados nisso. Enquanto todos queriam inventar um "novo foguete", nós preferíamos focar as revoluções das pequenas coisas. Foram elas que o editor da *FastCompany* listou para nos explicar o porquê daquela premiação:

» *Bota na vitrine*: programa que estimula a colaboração entre departamentos, premiando os(as) colaboradores(as) com a realização de sonhos (listados em suas fichas admissionais);

» *Licença paternidade:* 45 dias de licença para todos os papais do grupo;

» *Cara ou coroa:* contratação de incríveis seres humanos acima dos 70 anos de idade;

» *Cupom de transparência:* informativo do faturamento ao lucro em cada transação que realizamos em nossas lojas;

» *RH parceiro:* repasse para empresas parceiras de currículos de candidatos(as) que, por ventura, não tenham passado em nossos processos seletivos;

» *Reserva 1p5p:* a cada peça de roupa vendida nós viabilizamos a entrega de cinco pratos de comida para quem tem fome no país. Até aqui já foram mais de 33 milhões de refeições;

» *Feito no Brasil:* por uma questão idealista (o negócio é até 40% melhor na Ásia), nossas coleções são prioritariamente produzidas em nosso país, gerando renda e emprego aqui. De tudo que produzimos, 95% é feito no Brasil e só não produzimos aqui quando não encontramos fornecimento em termos de escala e/ou qualidade.

O propósito da empresa é o de Cuidar, Emocionar e Surpreender as pessoas todos os dias. Não acredito que tenhamos trabalhado nem mais nem menos do que nossos colegas; o comerciante brasileiro é dos mais trabalhadores do mundo, mas crescemos uma média de 20% SSSG por ano nos últimos cinco anos (2013-2018), enquanto as coisas não foram nada fáceis para o nosso segmento no Brasil.

O que fizemos de diferente? Não apenas vivemos para entregar nosso propósito, como também fomos muito bem-sucedidos na comunicação de tudo aquilo que fazíamos.

Foram inúmeras as vezes que, ao comunicarmos nossos projetos, fomos chamados de "oportunistas" pelas mídias sociais. Aquilo me machucava e incomodava, até que um dia entendi que eles estavam corretos.

Sim, somos oportunistas. Somos oportunistas do bem. Fazemos o bem, comunicamos o que fazemos e isso sempre gerou uma enorme corrente positiva de afetividade e, por que não, de consumo. O que não aguentamos mais é o oportunismo do mal. Não aguentamos mais a corrupção, as negociatas e as safadezas com dinheiro público.

O Hugo e o Raj me pediram para escrever este prefácio e por um tempo refleti sobre que tese nele defenderia. Decidi defender o Oportunismo do Bem. No dia em que todas as empresas investirem no bem-estar social para que, por consequência, recebam o prestígio da escolha de seus consumidores(as), teremos, como resultado, uma sociedade mais justa e menos dependente do Estado.

O fato é que, no momento em que nos declaramos oportunistas, também nos libertamos de uma culpa que, além de não gerar prosperidade, também não gerava aquilo que considero a maior das alavancas sociais: o bom exemplo.

Portanto, a você, empreendedor(a) e empresário(a) que, com interesse, lê esse prefácio: se minhas palavras lhe encheram de boas ideias, se você pensou em comunicar melhor aquilo de bacana que sua empresa já faz ou se pensou em colocar de pé aquele projeto incrível e engavetado, deixe a culpa de lado, vá lá e faça!

Quem faz o bem também diz a quem.

"Inteligente é quem sabe a hora de parar de dar corda para algo que não tem futuro."

- *Fred Elboni*

QUATRO PILARES

1. Propósito maior

Todo ser humano precisa de glóbulos vermelhos para viver, assim como toda empresa precisa de lucros. Da mesma maneira como o propósito da vida é mais do que produzir glóbulos vermelhos, o propósito dos negócios vai além de ganhar dinheiro. Toda empresa possui uma razão social, um motivo pelo qual existe, que ultrapassa as formalidades jurídicas e o lucro em si. Empreendedores conscientes entendem isso e se concentram em um propósito maior, capaz de inspirar, envolver e energizar os diferentes *stakeholders* de uma empresa.

2. Orientação para *stakeholders*

Empreendedores conscientes buscam resgatar a essência dos negócios. Da maneira mais simples possível, podemos dizer que toda organização é formada por uma rede de pessoas que se relacionam entre si todos os dias. Pessoas contratam pessoas. Pessoas atendem pessoas. Pessoas prestam serviços para outras pessoas. Pessoas felizes com uma empresa indicam essa mesma empresa para outras pessoas. Quando uma organização reconhece as relações de interdependência existentes entre as pessoas envolvidas, abre-se espaço para reinventar o modelo de negócio, inovar e gerar valor compartilhado para todos os *stakeholders* (clientes, colaboradores, fornecedores, comunidades etc.).

3. Cultura consciente

A cultura é o DNA único de uma empresa. Duas empresas podem ter produtos similares, utilizar o mesmo espaço de *coworking*, adotar o mesmo *dress code* e a mesma estratégia, mas elas não terão a mesma cultura. De uma maneira sustentável e duradoura, a principal vantagem competitiva que uma empresa pode ter é sua própria cultura. Uma cultura consciente é capaz de reconhecer, responder e gerar valor de maneira consciente para todos os seus *stakeholders*. E os empreendedores conscientes entendem a importância da cultura. Eles sabem que, se a empresa tiver a cultura apropriada que o ambiente de negócio exige, todo o resto acontecerá de forma natural e sustentável.

4. Liderança consciente

Os três pilares anteriores somente são viáveis se o negócio possuir uma Liderança Consciente. O significado de existência do negócio é uma consequência das motivações dos fundadores. O grau de orientação para os *stakeholders* da organização depende do nível de consciência da liderança. A cultura organizacional nada mais é do que o reflexo das ações, das atitudes e do comportamento das pessoas que estão no topo da organização. Empreendedores conscientes entendem isso e lideram suas equipes de uma forma transparente, autêntica e aberta. Esses líderes inspiram lealdade e alto desempenho. É por possuir uma conjuntura desses quatro pilares que essas empresas, mais humanizadas e conscientes, geram resultados superiores para todas as pessoas com as quais elas se relacionam.

SUMÁRIO

PRÓLOGO 1
1. AS FACES DO CAPITALISMO 5
2. DILEMA MORAL 15
3. A NOVA ELITE BRASILEIRA 19
4. ERA DE MUDANÇAS 31
5. O FUTURO DOS NEGÓCIOS 35
6. MUITO ALÉM DO LUCRO 41
7. AS EMPRESAS HUMANIZADAS 45
8. O PODER DA TRADIÇÃO 51
9. UMA BASE CONSCIENTE 61
10. CIÊNCIA DA ADMINISTRAÇÃO HUMANIZADA 65
11. O PODER DO AMOR 75
12. O ATIVO MAIS IMPORTANTE 83
13. O PAPEL DA LIDERANÇA 91
14. HACKERS DE SI MESMOS 95
15. A QUEDA DO CASTELO DE CARTAS 105
16. O PODER DE PENSAR DIFERENTE 111
17. O SISTEMA ESTÁ DOENTE 119

18. O FATOR HUMANO 123

19. A SIMPLICIDADE DAS ESCOLHAS CERTAS 131

20. ERRAR É HUMANO 137

21. AS NOVAS GERAÇÕES DE EMPREENDEDORES 143

22. UM MUNDO EM TRANSFORMAÇÃO 153

23. CURIOSIDADES DA PESQUISA 163

24. OS BASTIDORES DA PESQUISA 165

25. CONHEÇA AS EMPRESAS HUMANIZADAS 191

26. EXERCÍCIO: DIÁRIO REFLEXIVO 213

ÍNDICE 225

PRÓLOGO

Dois Trabalhadores são observados por um senhor, que se aproxima, e pergunta: "O que vocês estão fazendo?" O primeiro responde: "Estou assentando tijolos." O segundo, apresenta uma perspectiva diferente: "Estamos construindo a catedral da cidade."

Ambas respostas refletem duas visões sobre o trabalho. Uma delas foca apenas no esforço da atividade — o termo trabalho, por sinal, tem origem no *tripalium*, uma ferramenta que, inicialmente utilizada na lavoura, foi transformada em instrumento de tortura pelos romanos. A outra resposta foca a razão social ou o impacto dessa atividade. Construir uma catedral é um ato nobre, heroico, inspirador e gratificante. A consciência de um propósito maior é capaz de dar significado a nossas vidas e engrandecer nossa existência. Sob uma perspectiva mais ampla, os negócios podem elevar a humanidade.

Este não é um livro técnico (a única parte técnica que você encontrará é a seção inicial, na qual apresentamos os quatro pilares fundamentais que sustentam a pesquisa que nos inspirou). Primordialmente, o que a obra traz são histórias e casos reais de empreendedores que buscam reinventar a forma de fazer negócios no Brasil. Nosso objetivo é ampliar as perspectivas sobre o mundo dos negócios e ajudar a consolidar um modelo atualizado de empreendedorismo. Procuramos apresentar uma nova narrativa de futuro para a atividade empresarial e fazer um contraponto ao clima de desesperança que tomou conta do Brasil, em decorrência da crise econômica e dos escândalos de corrupção evidenciados pela Operação Lava Jato. Apresentamos um novo rumo.

Apolítico e apartidário, esse livro tem como ponto de partida a primeira edição da pesquisa *Empresas Humanizadas do Brasil* (2018/19), realizada pelos pesquisadores Pedro Paro e Mateus Gerolamo, da Universidade de São Paulo (EESC–USP). Inspirado na metodologia desenvolvida pelo professor Raj Sisodia, da Babson College (EUA), um dos fundadores do movimento Capitalismo Consciente, o trabalho identificou as 22 empresas mais humanizadas do país, de acordo com critérios acadêmicos, a partir de uma base de 1.115 companhias, recorte que representa mais de 50% do PIB brasileiro.

Os autores da pesquisa se uniram ao jornalista Rodrigo Caetano, um veterano na cobertura de economia e negócios, para determinar, a partir de critérios acadêmicos e jornalísticos, as histórias mais relevantes das Empresas Humanizadas. Da união entre a academia e o jornalismo, nasceu o livro *Empreendedorismo Consciente: como melhorar o mundo e ganhar dinheiro*.

A obra apresenta o empreendedorismo baseado no contexto econômico, social e ambiental do capitalismo atual, no Brasil e no mundo. A partir de dados comprovados, buscamos traçar um cenário amplo e complexo, em que ficam evidentes as contradições e os problemas do capitalismo. Ao mesmo tempo, mostramos que o empreendedorismo e a livre iniciativa são a melhor resposta para os dilemas da sociedade atual. Nesse sentido, lançamos um desafio às lideranças: repensar que tipo de capitalismo querem para o futuro.

A ideia principal do conceito de Empresa Humanizada é a de que a essência dos negócios é atender às necessidades da sociedade. Toda empresa é formada por pessoas que atendem pessoas e que geram valor para outras pessoas. Portanto, o lucro não é o principal objetivo dos negócios. Empresas atuam por um propósito maior e é ele que deve balizar a atuação. Ao colocar o propósito no centro da estratégia e gerar valor para todos os *stakeholders*, as organizações obtêm, como consequência, resultados superiores.

Para dar sentido prático a esses conceitos, lideranças como Horácio Lafer Piva (Klabin), Rony Meisler (Reserva), Luis Fernando Porto (Unidas), Jorge Nishimura (Jacto), João Paulo Ferreira (Natura), Patrícia Braile (Braile Biomédica), Miguel Krigsner (O Boticário), entre outros, relatam cada passo de suas jornadas em busca de um empreendedorismo consciente de seu papel no mundo. Trata-se de um raro mergulho na mente de algumas das principais lideranças do capitalismo brasileiro, que, de forma aberta, transparente e sincera, apresentam seus anseios, receios, vulnerabilidades, desafios e sonhos. Idealistas e com poder de gerar mudanças profundas, essas lideranças são exemplos de que é possível construir um mundo melhor a partir do empreendedorismo e sem renunciar à lucratividade.

O livro *Empreendedorismo Consciente: como melhorar o mundo e ganhar dinheiro* é um convite para uma nova forma de se fazer negócios e para um novo tipo de capitalismo. A obra é resultado da união entre pessoas de diferentes mundos, que acreditam na força do livre mercado e do empreendedorismo, mas também entendem que o desenvolvimento humano, a reflexão e o autoconhecimento são fundamentais para colocar a economia na direção do desenvolvimento e do crescimento sustentável. É um livro voltado, principalmente, para líderes e jovens que almejam posições de liderança. É também uma leitura obrigatória para todos que buscam entender o mundo contemporâneo dos negócios de forma holística, integral, livre de preconceitos e ideologias ultrapassadas.

"Tudo aquilo que ouvimos é uma opinião, e não um fato.
Tudo aquilo que enxergamos é uma perspectiva, e não a verdade."

- Marcus Aurelius

1 AS FACES DO CAPITALISMO

O mundo dos negócios é fascinante. As histórias por trás das grandes invenções, as disputas comerciais, as inovações que mudaram o mundo, enfim, a vida corporativa é cheia de emoções. Em alguns momentos, no entanto, a atividade empresarial se mostra destrutiva. Empreendimentos que danificam o meio ambiente, falta de ética, assédios, corrupção etc. A busca pelo crescimento tem seu lado negativo. O capitalismo atual apresenta duas faces. Há um lado virtuoso, responsável pelo aumento de renda e da expectativa de vida e pela redução da porcentagem da população abaixo da linha de pobreza. Porém existe, também, uma face sombria, responsável pelo aumento da desigualdade, pelo estímulo à corrupção, pela destruição da natureza e do equilíbrio psicológico, mental e espiritual das pessoas.

Mas qual é a verdadeira face do capitalismo? Encontrar a resposta certa sempre depende da pergunta. Não somos capazes de dizer, com absoluta certeza, qual é o verdadeiro capitalismo. É aquele sistema capaz de financiar pesquisas e descobrir a cura para o HIV ou o que justifica a diferença de salário entre homens e mulheres com a lógica do "elas engravidam"? Convivemos com ambos. Esses dois lados da moeda existem e atuam em constante conflito. A partir desse embate, moldam-se os costumes. O que podemos fazer para entender como resolver os problemas do capitalismo, na realidade, é mudar a forma de enxergar a questão, ou seja, mudar a pergunta. No lugar de buscar a verdadeira face do capitalismo, devemos nos perguntar que tipo de capitalismo queremos construir.

Um mundo pacificado

Sob uma perspectiva evolutiva, precisamos reconhecer os inúmeros avanços que o capitalismo trouxe para a sociedade. A redução da pobreza tem sido constante nos últimos 25 anos — período em que o sistema se consolidou como força hegemônica mundial, após o colapso da União Soviética. Dados do Banco Mundial mostram que mais de um bilhão de pessoas deixaram a extrema pobreza nesse período, levando o percentual de indivíduos nessa condição ao patamar mais baixo da história.[1]

O capitalismo também trouxe paz. Com a situação do Iêmen, da Síria, do Iraque e da Ucrânia, ou com a crise de refugiados que há anos assombra a Europa, é difícil acreditar nisso. Entretanto, desde 1945, o mundo experimenta um momento de tranquilidade sem precedente na história. O filósofo israelense Yuval Harari, em seu livro *Sapiens: uma breve história da humanidade*, aponta um novo padrão de ascensão e queda de grandes forças globais, exemplificado na derrocada do Império Britânico. Antes da Segunda Guerra Mundial, os ingleses governavam, com mão de ferro, um quarto do planeta. Nas décadas seguintes, seu vasto território foi se desfazendo até sobrarem apenas pequenas ilhas. Esse processo, em tempos passados, só seria possível por meio do surgimento de uma força militar ainda maior do que o Império Britânico e, possivelmente, teria ocasionado conflitos sangrentos e custado milhares de vidas. É o caso de absolutamente todos os impérios da antiguidade, desde o Romano, pré-cristão, até o Sassânida, pré-islâmico. Os ingleses, no entanto, aceitaram a perda de território quase de uma forma complacente na maioria de suas colônias (exceto por alguns lugares como a Malásia e o Quênia).

As guerras de hoje estão restritas ao interior dos países. São conflitos civis, muitas vezes com participação internacional, é verdade, mas protagonizados por grupos rivais de uma mesma nacionalidade. Nunca, na história do mundo, a Europa Ocidental ficou tanto tempo sem um país invadir o outro. O velho continente está há mais de 70 anos sem nenhuma declaração de guerra e não há um país com arroubos expansionistas, como a Alemanha de Hitler (os Estados Unidos invadiram o Iraque e o Afeganistão, e a

---

[1] http://www.worldbank.org/en/news/press-release/2018/09/19/decline-of-global-extreme-poverty-continues-but-has-slowed-world-bank.

AS FACES DO CAPITALISMO

Rússia gera apreensão na Crimeia, mas não podemos creditar esses conflitos a tentativas de dominação mundial por meio da força. São exceções que confirmam a regra.).

Harari afirma que essa onda de paz está relacionada com o surgimento de forças militares capazes de destruir o mundo por completo. De fato, quando uma guerra tem o potencial de acabar com o planeta, quem está com o dedo no gatilho tende a pensar duas vezes. Porém essa onda de paz também se deve à globalização e ao capitalismo. O estabelecimento de uma cadeia global de suprimentos, financiada por um sistema financeiro também globalizado, torna onerosa a tarefa de ganhar território por vias militares. O mais eficiente é ganhar poder por meio de estratégias comerciais. O recente embate entre China e EUA não nos deixa enganar. A chamada "nova Guerra Fria" é uma guerra comercial em que as políticas fiscal e monetária são mais importantes do que o poderio bélico. A paz, hoje, é mais lucrativa do que a guerra.

Capitalismo à brasileira

O Brasil é um dos piores países do mundo para se fazer negócios, ocupando o 109º lugar do relatório *Doing Business 2019*, do Banco Mundial, que mede a facilidade de se empreender em 190 países do mundo. Estamos atrás da Colômbia (65º lugar), do Chile (56º lugar) e do México (54º lugar). Ocupamos a lanterna dos BRICS, atrás de África do Sul (82º), Índia (77º), China (46º) e Rússia (31º). A liderança do ranking continua com a Nova Zelândia, seguida por Cingapura, Dinamarca, Hong Kong, Coreia do Sul e Estados Unidos. Segundo o relatório, os principais problemas que travam o fluxo de negócios no país são as altas taxas de impostos e a lentidão para registrar propriedades, abrir empresas e obter alvarás. Não podemos negar os enormes desafios para se empreender no Brasil.

Mesmo sem a liberdade econômica de nações como EUA e Alemanha, o capitalismo trouxe dividendos para os brasileiros. Segundo dados do Gapminder,[2] a renda per capita nacional, que era de US$ 1.100 em 1800, atingiu o patamar de US$ 14.300 em 2018. A expectativa de vida da população passou de 32 para 76 anos. No mesmo período, o volume de investimentos

....
[2] https://www.gapminder.org.

estrangeiros quase dobrou e a porcentagem da população abaixo da linha da pobreza caiu mais de duas vezes. Houve um aumento de 20% no Índice de Desenvolvimento Humano (IDH), uma redução de 25 vezes na mortalidade infantil e a população está mais alfabetizada. O número de médicos para cada mil pessoas cresceu cinco vezes. A porcentagem de crianças subnutridas também foi reduzida. Esses resultados somente foram possíveis graças ao liberalismo econômico, ao fortalecimento da democracia, ao aumento da produtividade e a uma série de tecnologias que foram importadas ou desenvolvidas internamente. A economia e os mercados globais cresceram exponencialmente. O desenvolvimento humano avançou e os custos de produção dos bens e serviços caíram. Não podemos negar os avanços que o sistema capitalista trouxe para o mundo, em especial para o desenvolvimento econômico e social brasileiro.

Externalidades

No entanto, o capitalismo também gerou problemas ambientais e continua reverberando problemas sociais. Convivemos com fome, miséria, destruição, violência e injustiças profundas. Temos quase 20 milhões de brasileiros que vivem com menos de US$1,90 por dia. Se, por um lado, tivemos uma redução de 40% da desigualdade no Brasil, segundo o coeficiente Gini, por outro, continuamos sendo um dos países mais desiguais do mundo. O 1% mais rico concentra 28,5% da renda do país, aponta o relatório da *Desigualdade Global de 2019*, da Escola de Economia de Paris, tornando o Brasil o país que mais concentra renda no topo da pirâmide. A falta de emprego é outra mazela que afeta a população. O número de desocupados, segundo o IBGE, chegou a 12,7 milhões de pessoas no início de 2019. Como consequência desse cenário, a violência se tornou uma epidemia crônica. Os muros dos condomínios e os carros blindado não trouxeram tranquilidade às elites. O problema social é tão grande que foi instalado um ambiente de guerra no país. Em 2016, o Brasil registrou mais de 60 mil assassinatos, o ano mais sangrento da história, o que nos garante o título de país que mais mata no mundo, mesmo sem participarmos de um conflito. A cada dez minutos, uma pessoa é morta no Brasil. Há mais de 20 anos, aqui é onde mais se assassina homossexuais no mundo.

O aumento da desigualdade é um problema crônico. Segundo a Oxfam, organização sem fins lucrativos que combate as desigualdades sociais, 26 indivíduos detêm uma riqueza financeira equivalente à metade do planeta. Nos Estados Unidos, em 40 anos, metade da população ganhou apenas 200 dólares a mais. O total de americanos em famílias de classe média encolheu 10 pontos porcentuais, caindo para 50%. De acordo com reportagem publicada pelo jornal Folha de São Paulo, "hoje, o 1% mais rico nos EUA captura o equivalente a toda a renda que antes ficava com a metade mais pobre. Essa, por sua vez, viu sua participação no total de rendimentos cair quase a metade, para 12,5%." No Reino Unido, identifica-se o mesmo fenômeno: o 1% mais rico dobrou a participação na renda nacional. A Ásia, graças, em grande parte, à China, ainda apresenta fortes indicadores de distribuição de renda. O modelo intervencionista, no entanto, é questionado e já apresenta desaceleração no processo.

Não bastassem os péssimos resultados no âmbito social e econômico, enfrentamos uma crise ambiental sem precedentes. Segundo o jornal britânico *The Guardian*, a probabilidade de cumprirmos o Acordo de Paris (traçado por 195 países com a intenção de deter o aumento da temperatura do planeta) é de apenas 5%. Há um risco real de colapso dos recursos naturais nas próximas décadas. O aumento da população mundial, estimada em 10 bilhões em 2050, pressionará ainda mais a escassez dos recursos naturais. E o uso dos recursos brasileiros não tem sido nada consciente.

Diante desse contexto, a população passa a confiar cada vez menos em seus governantes e nos próprios empresários. No Brasil, o índice de transparência (percepção de corrupção) piorou mais de 20% nos últimos anos. Essas contradições, que podem ser verificadas em praticamente todos os países, têm consequências políticas, sociais e econômicas. O cenário afeta diretamente as futuras gerações. Os *millennials*, que já representam mais de 50% da força de trabalho no mundo, segundo dados da *Forbes*, estão descrentes em relação ao futuro. Uma pesquisa recente da consultoria EY aponta que apenas um terço dos *millennials* acredita que a geração conseguirá prosperar tanto quanto a anterior, muito em função do legado de externalidades deixado por seus antecessores. Isso também vale para as gerações subsequentes. O discurso da ativista sueca Greta Thunberg, durante a cúpula da Ação Climática das Nações Unidas, em Nova York, evidencia o problema:

"Nós estamos vivenciando o começo de uma extinção em massa. E tudo o que vocês fazem é falar de dinheiro e de contos de fadas sobre um crescimento econômico eterno. (...) A proposta de cortar nossas emissões pela metade em 10 anos, apenas nos dá uma chance de 50% de ficar abaixo da marca de 1,5°C e existe um risco de desencadear reações em cadeia irreversíveis que fogem do controle humano. Cinquenta por cento pode ser aceitável para vocês. Mas esses números não incluem outros pontos como feedback, lacunas e um aquecimento adicional causado pela poluição tóxica do ar ou aspectos de equidade e justiça climáticos. Esses números também fazem com que minha geração seja obrigada a ter de retirar centenas de bilhões de toneladas de dióxido de carbono do ar, causadas por vocês, e usando tecnologia que sequer existe. Então, 50% simplesmente não são aceitáveis. Nós teremos de viver com as consequências. (...) Vocês estão falhando conosco. Mas os jovens já começaram a entender sua traição. Os olhos de uma geração futura inteira estão sobre vocês. Se vocês escolherem fracassar, eu lhes digo: nós jamais perdoaremos vocês. Nós não vamos deixar vocês fazerem isso. É aqui e agora que nós colocamos um limite. O mundo está despertando. A mudança está chegando, quer vocês queiram ou não. Obrigada."

Sem a esperança de que o futuro será melhor, a tendência é de uma insegurança generalizada, fenômeno que tem impacto direto no consumo e nos investimentos, comprometendo o crescimento econômico. Além de, potencialmente, causar distúrbios políticos.

Tempo de revoluções

Nos últimos dez anos, o mundo enfrenta um período de turbulências cujo epicentro foi a crise financeira de 2008. A quebra do banco Lehman Brothers, que desencadeou uma grande ruptura no sistema financeiro global, foi o ponto de partida para um processo de revisão das relações comerciais, não só entre bancos centrais e instituições financeiras, mas também entre os governos e a iniciativa privada. Os esforços para salvar o sistema financeiro mundial não vieram acompanhados de um novo modelo econômico que desse sentido aos trilhões de dólares empregados na tarefa de não deixar os maiores bancos do mundo irem à bancarrota (cabe ressaltar que a intenção, aqui, não é analisar os méritos ou os aspectos técnicos das decisões tomadas durante a crise, mas, sim, apontar a inexistência de um novo acordo socioeconômico que permita ao mundo enxergar uma perspectiva positiva de futuro. Ainda que modificadas, as instituições permanecem as mesmas no pós-crise, assim como boa parte das ideologias de mercado).

O período entre 2011 e 2013 é emblemático nesse sentido. A Europa buscava uma solução para o problema dos PIIGS, sigla que simbolizava, com certa dose de maldade, os países com maior risco de insolvência (Portugal, Irlanda, Itália, Grécia e Espanha). Nos Estados Unidos, uma crise política travava as discussões orçamentárias no parlamento, invocando a remota, porém assustadora, possibilidade de um *default* americano. Em uma decisão polêmica, a Standard & Poor's rebaixa a nota de crédito dos EUA. Os mercados estavam em polvorosa e nenhuma autoridade parecia ostentar credibilidade suficiente para apontar uma solução — não ajudava o fato de boa parte das lideranças, na época, ter se engajado em estratégias dissimuladas ou, simplesmente, ter mentido descaradamente sobre a gravidade da situação. Em meio às turbulências político-econômicas, uma série de manifestações irrompe ao redor do mundo, em contextos e países diferentes, porém com semelhanças importantes. Ao longo de 2011, demonstrações e movimentos de ocupação desafiaram os poderes vigentes. Na Espanha, um milhão de pessoas marcharam contra as políticas de austeridade impostas pela União Europeia. Na Itália, entre 200 e 400 mil foram às ruas e, em Portugal, dezenas de milhares se mobilizaram. Em Nova York, o movimento Occupy Wall Street cresceu silenciosamente nas redes sociais. Inicialmente ignorados pela mídia e pelas autoridades, os manifestantes acabaram chamando atenção do FBI e inspirando uma série de outros movimentos similares em diversas cidades americanas, europeias e asiáticas. Londres, Seul, Roma, Berlin, Mumbai, Hong Kong, Amsterdam, Paris, entre outras, vivenciaram a mesma experiência.

No entanto, foi no Oriente Médio que a onda de manifestações trouxe consequências mais imediatas. A histórica Primavera Árabe derrubou os governos do Egito, da Líbia e da Tunísia. Na Síria, um levante popular resultou em uma guerra sangrenta, que perdura até os dias de hoje, assim como no

Iêmen. As revoluções no mundo árabe pegaram o resto do mundo de surpresa. Não se tinha real noção do que estava acontecendo, nem o que, exatamente, havia iniciado o movimento. Mas alguns indicadores ajudam a explicar o fenômeno: mais de 50% da população árabe é composta por pessoas com menos de 25 anos de idade. À época, o desemprego entre os jovens batia a marca dos 40% na região. Os governos, boa parte deles ditatoriais, falharam em prover algum tipo de perspectiva para esse enorme contingente de novos adultos recém-formados, que se rebelou contra o *status-quo*.[3]

A revolta da juventude contra um sistema que não os representa é um ponto em comum entre todos os movimentos de 2011 e nos que se seguiram, como as passeatas de junho de 2013 no Brasil. Originalmente, os jovens foram às ruas para protestar contra um aumento de R$ 0,20 na tarifa de ônibus da cidade de São Paulo. As autoridades responderam aos primeiros levantes com uma violência desproporcional, atacando com bombas de efeito moral e balas de borracha um grupo que manifestava na esquina das ruas Consolação e Maria Antônia, no centro da capital paulista, deixando mais de uma centena de feridos. A reação da sociedade foi de ultraje. Mais pessoas foram às ruas com o mote: "não é só por R$ 0,20." Até hoje, discute-se sobre os motivos do movimento. Uma coisa é certa: quem estava nas ruas queria mudanças.

Sem conseguir definir uma demanda central ou uma interlocução fixa, a reação da classe política foi inadequada. Erros na política econômica provocaram a maior recessão da história, com um saldo de milhões de desempregados. Novamente, os jovens foram os mais prejudicados. Escândalos de corrupção cada vez maiores minaram a confiança da população. Diante da incapacidade dos líderes em oferecer uma resposta, o resultado foi uma sociedade polarizada, incapaz de enxergar caminhos para o desenvolvimento que não incluam ideias ultrapassadas. Tanto a volta do nacionalismo exacerbado, egoísta e xenofóbico em sua natureza, quanto a insistência em acreditar em um modelo econômico não liberal e centrado no Estado, têm sua origem na incapacidade das massas de vislumbrar no horizonte uma nova maneira de colaborar para o bem-estar coletivo. As pessoas, principalmente os jovens, sentem-se deslocadas, esquecidas pelas lideranças que deveriam garantir sua prosperidade. Diante desse cenário, é natural culpar o sistema vigente pelas turbulências.

....
[3] Rogan, Eugene. The Arabs: a History, Postscript: Year One of The Arab Revolutions.

A questão é que a falta de representatividade e a incapacidade da sociedade em cuidar dos mais vulneráveis até pode ser um produto do capitalismo, selvagem por natureza, que propicia privilégios às corporações e aos mais riscos em detrimento dos pobres. Porém, se assim pensarmos, negligenciaremos uma série de evidências que demonstram que o capitalismo gerou paz e prosperidade no mundo em uma escala nunca vista. Esse é o dilema que enfrentamos. Nós nos indignamos com as desigualdades produzidas pelo sistema, mas não conhecemos nenhum outro que tenha gerado tanta prosperidade como o capitalismo.

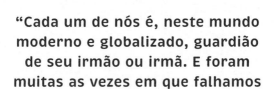

"Cada um de nós é, neste mundo moderno e globalizado, guardião de seu irmão ou irmã. E foram muitas as vezes em que falhamos com esta exigência moral."

- Nelson Mandela

2 DILEMA MORAL

Quando se olha para os números, para as evidências, vê-se um cenário cheio de contradições que cria um dilema moral na sociedade. O sistema econômico mais bem-sucedido da história falha ao excluir um grande contingente de pessoas de suas benesses. Chocados e revoltados com a miséria no dia a dia, alguns rejeitam o modelo por completo. Mas não podemos ser ingênuos, ou estúpidos, de achar que é necessária uma "revolução bolivariana" ou a volta do nacionalismo xenófobo para dar conta das injustiças que persistem em atormentar a humanidade. Nesse contexto de ebulição social, surge a necessidade de um novo critério de sucesso e um novo significado para o sistema econômico. É preciso rediscutir o propósito e redefinir os valores fundamentais do sistema para que eles ofereçam uma resposta ao dilema moral imposto pela dicotomia entre crescimento econômico e a miséria persistente. O capitalismo em si não é o indutor das turbulências, mas é preciso se adaptar aos novos tempos. Os problemas atuais estão ligados à credibilidade.

Não é coincidência que diversos países, incluindo o Brasil, onde a democracia garante ao povo a chance de se expressar por meio das urnas, experimentaram momentos de grande renovação política nos últimos anos. Ameaçado, o *establishment* decidiu classificar esses movimentos de incultos ou retrógrados. Não é verdade. Embora parte dessa sanha transformadora evoque ideias ultrapassadas e comprovadamente equivocadas, como a volta da ditadura ou das políticas de repressão, o ponto de partida dessa revolta contra a classe política são demandas legítimas relacionadas a problemas reais. Problemas que não poderão ser resolvidos com soluções temporárias, "puxadinhos" econômicos travestidos de políticas sociais. Enquanto não for apresentado um novo acordo, que dê sentido ao trabalho e um propósito aos trabalhadores, a sociedade continuará a pressionar por mudanças.

Por conta desses desafios, uma nova maneira de pensar o desenvolvimento, com maior ênfase na justiça social, ganha força no debate econômico. O eixo das discussões está mudando. Se antes a preocupação era o crescimento pelo crescimento, atualmente, o foco está em políticas econômicas, fiscais e tributárias, capazes de trazer igualdade acompanhada de crescimento. Economistas apontam que o Brasil cometeu um erro, nas décadas passadas, ao priorizar demais o investimento em capital físico e negligenciar o desenvolvimento social.[1] Não faz sentido discutir economia, sem incluir temas como o fim da desigualdade, o combate à violência e o respeito às minorias.[2] Sem falar do meio ambiente.

O papel das empresas também precisa ser revisto. O novo milênio trouxe uma mudança importante no modo de vida: pela primeira vez na história, há mais pessoas morando em cidades do que no campo. Estima-se que 2,5 bilhões de pessoas farão essa migração nos próximos 30 anos, o que deve resultar, até 2050, em um cenário no qual duas a cada três pessoas estarão estabelecidas em ambiente urbano.[3] Essa realidade, irreversível, apresenta implicações sociais, culturais e econômicas e exigirá soluções complexas nas áreas de mobilidade, moradia, serviços, produção de alimentos e energia. As empresas devem estar preparadas para lidar com uma força de trabalho cada vez mais cosmopolita e conectada. Sistemas produtivos e organizacionais do passado, em grande parte desenvolvidos na época da primeira Revolução Industrial, tornaram-se obsoletos e ineficientes, assim como modelos de negócio centenários. Muitos setores já estão sentindo as primeiras lufadas desses ventos revolucionários. Há, ainda, o desafio de se lidar com o aumento da expectativa de vida. É preciso pensar em como inserir a terceira idade no mercado de trabalho e desenvolver novos modelos de negócio para atender essa população.

É nesse contexto que surge a premissa básica deste livro. O capitalismo tem de ser modificado de dentro para fora. As empresas possuem um capital financeiro muito superior ao dos governos. O faturamento de companhias como Apple, Google, Walmart, Volkswagen e Amazon é superior ao PIB da maioria dos países. Diante desse potencial de transformação, da agilidade para realizar mudanças e do grau de urgência, não acreditamos que a mudança de mundo virá apenas da iniciativa pública. É responsabilidade das

....
1 https://www.uol/eleicoes/especiais/entrevista-economista-samuel-pessoa-eleicoes-2018.htm#negligenciar-desenvolvimento-social-foi-o-erro.

2 https://www1.folha.uol.com.br/mercado/2018/11/nao-sabemos-ainda-as-implicacoes-economicas-do-conservadorismo-cultural-diz-arminio-fraga.shtml.

3 https://www.un.org/development/desa/en/news/population/2018-world-urbanization-prospects.html.

lideranças criar as condições para que as mudanças ocorram. Transferir a responsabilidade do bem-estar social para os governos é subterfúgio moral e ético para escapar da responsabilidade inerente das corporações de promover a melhoria da qualidade de vida de todas as pessoas impactadas por elas. As empresas devem agir como agentes de mudança social e cultural. É improdutivo se esconder por trás do manto da impessoalidade da pessoa jurídica para se eximir de culpa pelos problemas da desigualdade e da destruição do meio ambiente. Essa postura não tem lugar no mundo do futuro.

Outro erro é acreditar que, apenas com marketing, uma empresa conseguirá manter a relevância. Em 2013, o fundo Innova, controlado por Jorge Paulo Lemman, comprou uma participação de 20% na sorveteria Diletto, fundada pelo empresário Leandro Scabin. A empresa vinha ganhando mercado com sorvetes de alta qualidade, de receita italiana. Scabin dizia que a inspiração para o negócio vinha de seu finado avô, um imigrante italiano da região do Vêneto, que veio para o Brasil ao fugir da Segunda Guerra Mundial. Em sua cidade natal, o avô, segundo o empresário, utilizava frutas frescas e neve para fabricar a iguaria. As embalagens dos produtos estampavam uma foto do velhinho empurrando um carrinho de sorvete. Seria um exemplo perfeito de empreendedorismo com propósito, não fosse o fato de se tratar de uma mentira. O avô em questão, na verdade, era paisagista e sua relação com sorvetes era de mero consumidor. Scabin mentiu descaradamente em sua estratégia de marketing. O Conar, órgão que regulamenta a propaganda no Brasil, exigiu que a sorveteria mudasse a campanha, deixando claro que se tratava de uma ficção. Quando o homem mais rico do Brasil investiu na Diletto, a expectativa era de que a marca concorresse com as grandes fabricantes de sorvetes, como Unilever e Nestlé. Ela continua no mercado, mas como um produto de nicho, sem alcançar todo o seu potencial.

Em tempos de pós-verdade, as emoções se sobrepõem aos fatos. As pessoas movem-se pelo sentimento e pelo propósito. Mais importante do que o *share of wallet* é o *share of heart*. Para conquistar o cliente, será preciso ganhar seu coração, e isso só é possível se ele se identificar com aquilo que está comprando. O consumismo vazio, acumulativo e sem objetivo, dará lugar ao consumo consciente, em que o ato de adquirir um produto ou serviço se torna um posicionamento sociocultural. Nesse novo modelo, a falsidade e a enganação não serão perdoadas. A empresa terá de descobrir seu propósito para compreender seu lugar na sociedade e, dessa forma, comunicar-se legitimamente. O discurso vazio não surtirá efeito, ou pior, destruirá a credibilidade e condenará a companhia ao ostracismo.

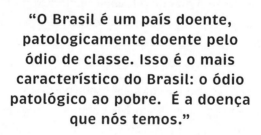

"O Brasil é um país doente, patologicamente doente pelo ódio de classe. Isso é o mais característico do Brasil: o ódio patológico ao pobre. É a doença que nós temos."

- Jessé Souza

3 A NOVA ELITE BRASILEIRA

"Temos uma elite no Brasil muito pouco consciente do que significa a acumulação de renda, a restrição ao consumo e a falta de oportunidades. Compreendemos isso andando pela Faria Lima e frequentando os restaurantes da Rua Amauri. Há mais seguranças do lado de fora do que clientes do lado de dentro. As pessoas lutam em vão para se provar mais bem-sucedidas do que as outras. O rico brasileiro está preso na pobreza social. Suas lindas casas estão escondidas atrás de muros de seis metros de altura. De que adianta poder dar um carro para sua filha, se é preciso ficar acordado até a madrugada esperando que ela chegue? Quando se percebe tudo isso, conclui-se que alguma coisa está errada", afirma, criticando a própria classe, o herdeiro de uma das famílias mais tradicionais do país, Horácio Lafer Piva, filho do senador Pedro Piva e neto de Horácio Lafer, que foi deputado por São Paulo, ministro da Fazenda no governo Vargas e ministro das Relações Exteriores no governo Kubitschek.

Economista e pós-graduado em Administração de Empresas pela Universidade de São Paulo (USP), Horácio Lafer Piva foi presidente da Federação das Indústrias do Estado de São Paulo, a FIESP, entre 1998 e 2004, e ocupou posições importantes na Confederação Nacional da Indústria (CNI). Hoje, é presidente do conselho da Klabin. A empresa, uma das principais produtoras de celulose do mundo e a maior fabricante brasileira de papel para embalagens, tem seu escritório em São Paulo, na Avenida Faria Lima.

Fundada em 1899 pelos irmãos Maurício, Salomão e Hessel Klabin e o primo Miguel Lafer, imigrantes lituanos de origem judaica, em 1924 já figurava entre as três maiores fabricantes de papel e celulose do país. A abertura de capital na Bolsa de Valores de São Paulo se deu em 1979 — a família segue como maior acionista — e, em 2017, a receita líquida da empresa superou os oito bilhões de reais.

A desigualdade social do país é consequência da falta de consciência da elite, citada pelo empresário. As mudanças climáticas também. Para Piva, estamos no limiar de um abismo: "meu irmão chegou ontem do Pantanal, onde estava 17°C. Esse fim de semana passamos um frio imenso em São Paulo. A Califórnia está debaixo d'água. E a culpa é de quem? É das empresas que tiraram da natureza mais do que ela pode dar. Estamos abusando do planeta." A questão é binária. Ou optamos por um desenvolvimento calcado na concentração de riquezas e na exploração inconsequente dos recursos naturais, que destruirá o mundo, ou por uma conscientização que promova a igualdade social e o respeito ao meio ambiente. Estamos perto de um colapso, mas há salvação.

Para Piva, em meio às lideranças, começa a se formar essa consciência. A mesma elite que se encastela e se isola do mundo em seus condomínios e carros blindados é capaz de oferecer uma resposta. O capitalismo, com seus defeitos e suas contradições, é o único sistema viável. Por isso, precisamos ajustá-lo. "Devemos fazer do capitalismo um instrumento de geração e distribuição de riqueza. Obviamente, uma riqueza que não destrua o planeta e que faça as pessoas felizes. Eu enxergo a possibilidade de se criar uma estrutura capitalista que permita ao empresário focar seu negócio principal e abrir oportunidades para milhares de outras empresas. Com o avanço das comunicações e das startups, as grandes corporações devem terceirizar suas atividades para gerar e distribuir riquezas", afirma. É preciso adotar uma nova postura. Os líderes e a elite têm a responsabilidade de promover os ajustes necessários ao capitalismo. A estrutura das empresas deve estar voltada para a produção sustentável, que promova o consumo consciente e trabalhe o desenvolvimento das pessoas e da cadeia de fornecedores.

A Klabin, como muitas outras companhias, praticou um capitalismo selvagem e, no passado, poluiu. Mudou de postura parte por consciência, parte por pressão da sociedade. As lideranças e os acionistas perceberam a necessidade de se trabalhar a inclusão, a cultura e a sustentabilidade. "Passamos a pensar de forma mais holística, a enxergar a companhia como um todo, refletindo sobre o contexto em que estamos inseridos. Não podemos ficar no interior do Paraná, ou de Santa Catarina, ou de Pernambuco, só olhando nossas fábricas. Temos uma responsabilidade, dada nossa posição, de pensar no mundo", diz Piva. Ele acredita em que, por causa dessa mudança de mentalidade, a Klabin criou um processo de "contaminação" positiva. "Tenho percebido que as pessoas estão mais felizes. A felicidade, resultado do comprometimento com um propósito, hoje permeia nossos relacionamentos. O amor deixou de ser palavra proibida no ambiente corporativo."

Para alcançar esse patamar de "contaminação positiva", os líderes precisam estar dispostos a ouvir a sociedade. O apelo que vem das ruas deve pautar as atuações. A melhor maneira de promover a mudança é disseminar as boas práticas das empresas que se encontram em um grau de consciência mais elevado. "Pode parecer um pouco simplista. Mas o Capitalismo Consciente, que era mera filosofia ou uma questão totalmente esotérica, hoje tem outra conotação. Para muitos empresários e capitalistas, até mesmo para os patrimonialistas e os rentistas, esse já é um tema de atenção, incômodo e curiosidade. Está na agenda. Por isso, o melhor a fazer é falar sobre o assunto."

Há uma parte delicada nesse contexto: o mercado. Essa entidade supranacional difusa, que controla as forças ocultas do fluxo de capitais, pressiona as empresas por lucros cada vez maiores advindos de um capitalismo selvagem. Domá-lo deve ser uma tarefa prioritária para os próximos anos. O processo em curso na economia, atualmente, é concentrador. A tecnologia, que pode ser uma aliada na tarefa de distribuição da riqueza, hoje provoca uma centralização do poder e do dinheiro. Empresas como Apple, Microsoft e Google tendem a se tornar cada vez mais ricas. O desafio é manter essa capacidade de desenvolvimento tecnológico distribuindo melhor os recursos.

Cultura empresarial

Para mudar o pensamento do mercado, é preciso, primeiramente, mudar a cultura empresarial. Não produzir filantropia, mas, sim, gerar oportunidades. Na Klabin, esse processo começou com uma nova postura da família. A proximidade com os funcionários sempre foi uma marca da empresa, diz Horácio Lafer Piva, "mas, antes, de forma patriarcal, usávamos jantares e presentes para demonstrar nosso apreço ao trabalhador — como os relógios oferecidos aos colaboradores com mais de 15 anos de casa. Hoje, nossa postura cria um clima familiar ao promover a autonomia dos funcionários. A família Lafer-Klabin aprendeu e foi melhorando esse processo. Acabou o doutor, a continência, a lealdade a qualquer preço, as pessoas agora me chamam pelo nome e temos uma relação pessoal de respeito".

O lado paternalista da Klabin tem origem na formação do parque industrial brasileiro. Os Lafer-Klabin são parte de uma geração que deu início ao capitalismo nacional. Em 1899, a abolição da escravidão tinha apenas dez anos. A República Velha se estabeleceu sobre os escombros de um sistema produtivo escravista, que colapsou. Como destaca Jessé Souza, no livro *A Classe Média no Espelho*, a figura do "cabra", o soldado leal do proprietário de terras, responsável por manejar o "porrete", passou a fazer parte do mosaico social das cidades. Daí vem a ideia do patrão opressivo, que demanda a lealdade incondicional em troca de proteção. O desenvolvimento econômico, calcado nessa nova classe média, não evitou a formação de uma massa de excluídos, constituída de escravos e pessoas sem qualificação. Não havia como escapar do paternalismo. As fábricas da Klabin foram instaladas em lugares ermos, no meio de florestas. A história de algumas cidades do norte do Paraná se entrelaça com a história da companhia. As pessoas valorizavam essa proximidade e criavam certa dependência.

Continuar com essa postura não faz mais sentido. "Nós combatemos isso", afirma Sergio Piza, diretor de Gente e Serviços Corporativos. "Claro que há um orgulho em ter essa relevância, mas é preciso humildade. O paternalismo traz o cuidar, que não é ruim. Mas a lealdade a alguém que te dá algo em troca, como um emprego, prejudica o ambiente e os negócios." O combate se faz por meio da autonomia, que confere às pessoas um senso de responsabilidade. "A catraca, em muitas empresas, tem um poder de infantilização. O sujeito passa por ela e vira um filho à procura de um pai. É preciso fazer com que esse ato de entrar na empresa seja uma escolha. Não é que só trabalha aqui quem quer. As críticas são bem-vindas. Mas, se não há protagonismo, não há valorização do produto", completa Piza.

A autonomia requer organização e não pressupõe a falta de supervisão ou cobrança. Na Klabin há cobrança, mas ela está ancorada em um objetivo de longo prazo, que é comunicado ao funcionário. Dessa maneira, as pessoas têm liberdade para trabalhar e são incentivadas a superar limites, abandonar o medo, confiar em si mesmas e a pensar o trabalho de forma mais ampla. Isso só é possível com a definição de um propósito. Atuar com foco apenas no resultado leva ao imediatismo. Nesse tipo de empresa, o importante é resolver o problema do dia e limpar a mesa para os problemas do dia seguinte. Os líderes não incentivam os funcionários, apenas repassam tarefas. O ambiente se torna pesado e muitos se sentem atolados de trabalho. Como consequência, a produtividade e, principalmente, a inovação ficam prejudicadas.

A liderança pode ser excruciante. O peso da mão de um líder é maior do que ele imagina. Suas ações interferem na vida das pessoas e podem ganhar proporções exageradas. É preciso ter consciência desse impacto. "O maior desafio é não se iludir com o poder", afirma Cristiano Teixeira, CEO da Klabin. Teixeira é o que os norte-americanos costumam chamar de *self made men*. Nasceu em família pobre e teve de trabalhar para estudar. Formou-se em Comércio Exterior, na Universidade Paulista, e concluiu seu mestrado na francesa Ecole Supérieure des Affaires. "Tem muita gente no mundo passando dificuldade. É preciso refletir sobre isso. Sou um privilegiado e, por conta disso, tenho responsabilidades." Para ele, ouvir é mais importante que falar. O pensamento de curto prazo pode ser perigoso e o equilíbrio deve ser perseguido a todo custo. "Já trabalhei em empresas nas quais eu tinha de dar resultado imediatamente. Não é o ideal."

A meta da Klabin é ser, cada vez mais, horizontal. Uma empresa meritocrática, humanista e sustentável. Quem lidera em um aspecto, pode ser liderado em outro. Ainda há hierarquia, mas aos poucos está mudando. Essa equação é complexa e a transformação cultural leva tempo. A meritocracia é traiçoeira e, se mal trabalhada, incentiva o egoísmo, a competição insalubre e a falta de ética. Os múltiplos interesses das grandes companhias, às vezes, são conflitantes. A Klabin fabrica papel e embalagens. Dependendo do mercado, é melhor vender papel ou é melhor vender embalagem. Como fazer com que as pessoas que lideram essas duas áreas entendam essa gangorra? Se a companhia colocar o lucro na frente do propósito, incentiva a autossabotagem. O pessoal do papel buscará ficar à frente do pessoal da embalagem, mesmo que isso signifique perdas para ambos. Colaboradores se transformam em adversários.

A liderança também pode ser difusa. A Klabin mantém um organograma ampliado de líderes. Periodicamente, é feito um levantamento para saber com quem as pessoas se aconselham antes de tomar uma decisão. O líder formal nem sempre é o líder de fato. A pessoa que exerce essa liderança paralela, no entanto, pode ser "do bem" ou "do mal". Identificar essa dinâmica ajuda a manter o fluxo de conhecimento. Informação é poder. Há quem capture determinado conhecimento como forma de defender a posição ou um privilégio. Essa postura gera servidão e tolhe a autonomia dos demais. Liderar não é criar dependentes, é permitir que as pessoas cumpram seu papel e se sintam valorizadas por aquilo que realizaram.

O uso dos recursos naturais

Para Piva, a Klabin é uma empresa florestal. Entre as grandes produtoras de celulose, ela é uma das poucas que se manteve dona das plantações de eucalipto e pinus que abastecem suas fábricas. Aos olhos de um financista, não faz muito sentido. A maioria das competidoras prefere transformar as florestas em um ativo financeiro e se concentrar na atividade de fabricação e venda da *commodity*. A Klabin prefere cuidar das próprias plantações. Ela adota o sistema de "mosaico" no campo. Os eucaliptos plantados são entremeados por áreas de matas nativas preservadas, o que forma uma paisagem diversa — daí o nome mosaico. Um dos objetivos é proteger a biodiversidade. Com a preservação da vegetação nativa, uma série de animais silvestres começou a aparecer nas unidades da empresa. Um deles é a onça-parda, também conhecida como puma ou suçuarana, que virou uma espécie de mascote. A mais nova fábrica da companhia, concluída em 2016, foi batizada de Unidade Puma, em homenagem ao magnífico animal.

A importância da floresta faz com que a sustentabilidade não seja apenas um discurso. Ao manter a propriedade das plantações, a Klabin é forçada a se preocupar com as mudanças climáticas. Os impactos são diretos. A gestão da água é assunto estratégico. A relação com a floresta cria um compromisso de longo prazo. A perpetuidade do negócio depende da compreensão e do respeito aos ciclos da natureza, que acontecem em seu próprio tempo, independentemente da vontade dos mercados. Essa visão tem implicações em toda a companhia. "É por isso que temos tantos funcionários com mais de uma década de casa", diz Horácio Lafer Piva. A conexão com o campo traz uma perspectiva mais humana da atividade econômica.

Piva almeja criar um modelo de gestão próprio. É um processo em andamento. Ele está ancorado na crença de que é possível construir uma companhia melhor, imaginando um mundo melhor. O ambiente externo influi no interno e vice-versa. O vínculo com a natureza é o ponto de partida para a formação de uma liderança antiautoritária, capaz de identificar as relações que regem o negócio dentro e fora da companhia. O líder justifica-se pela experiência, mas se vê como igual. O lucro é consequência. "As pessoas precisam de autonomia. Elas precisam sentir que estão fazendo algo importante e não trabalhando para os acionistas. A ideia do diretor que fica enclausurado em seu escritório maravilhoso no último andar acabou. É preciso conversar o tempo inteiro. Perguntas são mais importantes do que respostas. Precisamos valorizar o excêntrico. O diferente, muitas vezes, traz boas ideias. Eu quero gente esquisita aqui, gente que pense fora da caixa." Piva defende a diversidade. Ele afirma que estão sendo estudadas estratégias para aumentar a presença feminina. A Klabin é uma empresa de engenheiros, um mundo predominantemente masculino. "Há resistências", diz o empresário. Por isso, a liderança tem papel fundamental, não só nas empresas. Para a sociedade, é urgente se livrar das chagas do sexismo e do racismo.

A dinâmica social é composta por dois movimentos. Na base da pirâmide, as pessoas são mais livres de preconceitos. Esse grupo da sociedade está mais preocupado em melhorar de vida e aceita o diferente com facilidade, pela própria convivência. Há um sentimento de comunidade. No topo da pirâmide, o movimento de conscientização se dá pela cultura. São pessoas que têm acesso ao conhecimento, buscam a leitura, a informação e contam com tempo livre para pensar no assunto. As duas forças pressionam a camada do meio, representada pela classe média tradicional. Notadamente conservadora, essa parcela da sociedade apresenta maior rejeição a mudanças no estilo de vida e a padrões atípicos de comportamento. A pressão dos dois extremos provoca inquietação nesse "meio de campo" e gera desequilíbrios. "É isso que faz as coisas avançarem. Você vai apertando de baixo e de cima e, aos poucos, contamina positivamente a sociedade", diz Piva. A proatividade, no entanto, parte do topo. A liderança tem de sair de sua mesa e estar presente no chão de fábrica. Tratar operário com a mesma reverência com que trata o engenheiro.

Falar do assunto é insuficiente. Na questão da diversidade, existem aspectos objetivos que precisam ser resolvidos. O salário das mulheres, em média, equivale a 80% dos vencimentos dos homens. É insustentável. A omissão é prejudicial aos negócios e à economia. Os valores femininos enriquecem o debate e aprimoram as estratégias. A desvalorização da mulher limita a capacidade das empresas, tolhe a criatividade e favorece um ambiente de competição não saudável, insuflado pelo excesso de testosterona. No fundo, o que o mercado vem fazendo, nessa questão, é um *trade off* ruim, derivado de um raciocínio simplista e preguiçoso. A remuneração mais baixa seria uma compensação pela eventual ausência da mulher durante a gravidez, encarada pelo empresariado como um "custo". Para não arcar com esse "prejuízo", as empresas abrem mão do potencial feminino. Ignorando, no entanto, que a valorização da mulher fomenta a inovação, promove o cuidado e o amor, e resulta em ganhos muito maiores. Outro aspecto preocupa o empresário. O racismo é um dano permanente que precisa ser encarado como prioridade. O problema é econômico. Nas favelas, 80% dos moradores são negros. A herança escravocrata condena uma parcela da sociedade à exclusão. "Temos de acabar com os guetos urgentemente. Sem dúvida, a educação é o melhor caminho. Porém leva uma ou duas gerações. Não temos tempo."

O conservadorismo, neste momento, é perigoso. Para Piva, precisamos rever o que significa ser conservador, compreender os valores contidos nessa afirmação e definir o que devemos manter e o que devemos mudar. Crenças e princípios ancestrais perdem a validade a partir do momento em que inviabilizam a igualdade. A sociedade é dinâmica. As pessoas mudam. "O progressismo é a única maneira de criar oportunidades em um mundo de seis bilhões de pessoas com demandas cada vez mais intrincadas. Precisamos fugir de tudo aquilo que restringe as oportunidades. Por que manter meus conceitos inabaláveis, se isso está criando dificuldade para o outro? Ser progressista é entender que as mudanças estão acontecendo rapidamente e que as opções são se adaptar ou ser atropelado. Já que seremos empurrados por esse mundo veloz, precisamos entender o que é essencial na vida das pessoas. Na época de meu avô, o essencial era ser bem asseado, educado e falar francês. São valores perpétuos, humanistas? Se sim, devemos jogar uma âncora neles e, ao mesmo tempo, levar em consideração o fluxo do progresso."

A tecnologia trará desafios. Algumas rupturas são inevitáveis, como a mudança radical no sistema de trabalho. A inteligência artificial suprimirá muitas funções corporativas. Boa parte dos empregos que conhecemos hoje será substituída por um modelo baseado em plataformas digitais, como a Uber. Que tipo de proteções terão de ser criadas? Qual será o papel do Estado nessa nova configuração? São perguntas que precisam ser respondidas nos próximos anos. "Recusar-se a debater e lutar contra as mudanças não é uma opção."

Horácio Lafer Piva não gosta da concepção de "direita" e "esquerda". São conceitos ultrapassados. Mas o Brasil se embrenhou em uma luta ideológica ferrenha recentemente e a polarização foi brutal. Ele atribui essa divisão da sociedade a uma percepção maior sobre a injustiça do poder dominante. A brutalidade do processo foi gerada por uma mobilização da sociedade.

A maioria desunida percebeu que é governada por uma minoria unida. As ideologias foram colocadas. Uns foram chamados de fascistas, e outros de comunistas. "Apesar da exacerbação, eu olhei essa polarização como algo positivo. Ela mexeu com as pessoas, colocou em pauta discussões importantes. Podem surgir consequências negativas, porque a sociedade está muito nervosa. Mas era preciso discutir. As pessoas que colocamos no poder lutam pelo quê? Por um falso assistencialismo ou por um falso liberalismo? A sociedade vai exigir compromisso dos políticos e passará a exigir o mesmo das empresas."

A elite não poderá fugir do debate. "Precisamos fazer uma autocrítica. Eu sempre penso no empresariado, que é o universo no qual estou envolvido. Vamos falar a verdade: a elite brasileira não é uma boa elite. Está acordando, mas é uma elite da acomodação, do conforto e até da covardia. Se você olhar o êxodo da alta classe para Miami ou Lisboa, percebe que são pessoas que optaram pelo conforto e não pelo envolvimento com seu país. Mas, com o tempo, vão perceber que não importa para aonde forem, serão meras expatriadas. Essa mesma elite paga salários menores para as mulheres, permite que as favelas sejam ocupadas 80% por negros, ajuda a destruir a natureza, a Amazônia. Não existe nenhuma outra racionalidade se não a de acumular mais riqueza. Para quê? Ninguém sabe. As elites brasileiras não fizeram bem para o Brasil. Não foram elites esclarecidas ou cultas. Não buscaram na história a melhor experiência civilizatória para construir o país. Por outro lado, e digo isso como desculpa para mim mesmo, nós ainda vivemos em uma democracia jovem. O Brasil está condenado a dar certo. Nossa dimensão é a do futuro. Nações desenvolvidas como a Inglaterra, de Newton e Shakespeare, estão ancoradas no passado. Quanta riqueza podemos tirar de nossa biodiversidade, de nossas florestas e de nosso potencial natural. A esperança está na conscientização daqueles que aqui ficaram." Para Piva, há uma nova elite que está repensando o capitalismo, trabalhando os investimentos sociais e investindo em empresas que causam impacto positivo. Alguma coisa está acontecendo, e vai mudar o Brasil.

ENTREVISTA COM
HORÁCIO LAFER PIVA
Conselho Klabin

Assista a dois minutos dessa entrevista exclusiva por meio do QR Code ao lado ou acesse:

www.humanizadas.com

"Esses indivíduos chamados empreendedores são os agentes de mudança na economia."

- Joseph Schumpeter

4 ERA DE MUDANÇAS

Do que é preciso para mudar o mundo? Uma grande ideia, como a internet, talvez seja capaz de gerar as chamadas ondas transformadoras que alteram a ordem mundial. Revoluções de verdade, no entanto, não surgem de uma hora para outra. É o que a história nos ensina. Obras clássicas sobre grandes momentos revolucionários, como *Declínio e Queda do Império Romano*, de Edward Gibbon, ou *História da Revolução Francesa*, de Jules Michelet, mostram que aquele momento singular, no qual todas as forças parecem se alinhar perfeitamente para promover as reformas, é resultado de muito tempo de ebulição. Forças sociais e econômicas atuam de forma dissimulada, disfarçadas de pequenas tendências e movimentos vanguardistas, e passam despercebidas pelo *mainstream*. Então, de repente, Alarico bate à porta de Roma e cai a Bastilha, para surpresa dos incautos.

Existem duas maneiras de se retratar a história. Um historiador trabalha com fatos passados, buscando reconstruir os acontecimentos com base em documentos e registros de época. Um jornalista é como um historiador do presente, porque age como testemunha ocular dos acontecimentos, retratando cada passagem histórica. O perigo é que, assim como o restante da sociedade, o jornalista pode não perceber as forças sociais e econômicas que estão promovendo as ondas transformadoras. Nesse caso, o profissional terá falhado em sua missão de interpretar os fatos e jogar luz sobre o que há de mais relevante naquele momento. Caberá ao historiador, posteriormente, corrigir as informações.

Os tempos atuais são de extrema dificuldade para jornalistas e para a sociedade. Há mais de duas décadas, uma revolução digital vem implodindo conceitos e modelos de negócios seculares, derrotando implacavelmente qualquer entidade que ouse ficar em seu caminho — a própria mídia é uma vítima do tsunami digital. Essas transformações geram todo tipo de convulsão social, desde lutas intensas por liberdades individuais e justiça social, até movimentos contrários, de defesa dos modos de vida contemporâneos, ou mesmo de arquétipos que pareciam ultrapassados. Períodos como este requerem do jornalista, e de qualquer pessoa que dependa de informações confiáveis, o que inclui todo empresário e executivo, uma visão mais abrangente para tomar decisões.

No campo econômico, as relações de trabalho e de consumo metamorfoseiam-se diante de uma nova geração que nasceu conectada. Acostumados a uma velocidade de mudança muito superior às enfrentadas por seus antecessores, os jovens das gerações Y, Z e posteriores chegam ao mercado de trabalho com valores ímpares. O que os motiva não é o dinheiro nem o lucro: é o propósito. Trabalhar sem gerar impacto na sociedade, para esse grupo de garotos e garotas, é como enxugar gelo. Não faz o menor sentido. Em alguns anos, essa garotada tomará decisões nas empresas, no governo e em várias outras instâncias da sociedade, e não vão se pautar pelos mesmos modelos do presente.

Esses são alguns desafios que as empresas e o setor produtivo terão de enfrentar. A eles, há de se somar a desigualdade social, a violência e as mudanças climáticas, externalidades que afetam em grande medida o desempenho e a atividade das companhias. Diante desse cenário, imaginar que estamos longe de um ponto de virada, de um daqueles momentos singulares em que todas as forças se alinham em prol da mudança, é se apegar a um otimismo conservador sem sustentação nos fatos.

A proximidade da mudança não é apenas prenunciada pelo contexto de ebulição social em que nos encontramos. Por todo o mundo, surgem ideias para modificar a forma como atuamos economicamente e profissionalmente. São movimentos de origem complexa, fundamentados em teorias e estudos acadêmicos, que se prestam a criar as bases do pensamento revolucionário. Ao jornalista, entretanto, não cabe analisar o cenário com o detalhamento de um cientista. Cabe um olhar humano sobre os fatos, aproximar a teoria do dia a dia da sociedade, buscar o contraponto, o contraditório, de forma a dar mais validade ao que se espera retratar. Assim, é possível obter um registro fiel do momento histórico, informar e orientar o leitor sem doutrinações ou sequestro da verdade. A tarefa se torna mais complicada considerando que o Brasil, em toda sua grandeza e exuberância, possui realidades distintas, que, muitas vezes, só têm em comum o fato de estarem inseridas dentro das fronteiras do país e de terem o idioma português como língua oficial.

Permeando essas diferenças, há um desejo de mudança e um espírito empreendedor que busca e sonha com um país mais próspero e mais justo. Em todos os lugares, encontram-se pessoas tentando introduzir na economia um novo modelo de capitalismo, menos centrado no lucro a qualquer custo e mais focado em pessoas. Há nítidas tentativas de atualizar o sistema, romper com a lógica cruel do desenvolvimento desigual, da inversão de valores, das amarras e dos muros sociais. Não dá para ficar esperando um novo governo, um novo plano, uma solução mirabolante, um arremedo de revolução utópica. O momento atual demanda a quebra das barreiras para o desenvolvimento.

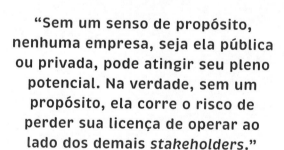

"Sem um senso de propósito, nenhuma empresa, seja ela pública ou privada, pode atingir seu pleno potencial. Na verdade, sem um propósito, ela corre o risco de perder sua licença de operar ao lado dos demais *stakeholders*."

- *Larry Fink*

5 O FUTURO DOS NEGÓCIOS

Alguns chamam de Era do Propósito. Outros chamam de Era da Consciência. Independentemente do nome que você queira dar para o momento atual que vive nossa sociedade, o fato é que a forma como fazemos negócios hoje é muito diferente daquela de dez anos atrás. Para Larry Fink, CEO da BlackRock, a maior gestora de patrimônios do mundo, com mais de seis trilhões de dólares em mãos, a sociedade demanda que as empresas, não importa se elas sejam públicas ou privadas, sirvam a um propósito maior que o lucro. Toda empresa tem uma Razão Social de existência que vai além do que está formalizado em seu contrato social. Para prosperar ao longo do tempo, a companhia precisa entregar não apenas desempenho financeiro, mas também uma contribuição positiva para a sociedade. Caso contrário, não faz sentido algum ela existir.

A forma como fazemos negócios provoca uma série de efeitos colaterais (desigualdades sociais, problemas ambientais, mudanças climáticas, estresse no trabalho, depressão, corrupção, exploração de crianças, mulheres e homens). O mundo dos negócios está mudando, porque nós, seres humanos, já não conseguimos conviver com essas externalidades, então estamos insatisfeitos.

David Deida, um especialista norte-americano em crescimento espiritual, costuma dizer que é muito bom ficar insatisfeito, porque mostra que você cresceu. Toda criança espera brincar com os mesmos brinquedos por toda a sua vida, mas, com o tempo, percebe que precisa evoluir e buscar novos desafios. Da mesma forma, a maneira como coletivamente fazíamos negócios já não serve mais. E isso é bom. Significa que nós crescemos enquanto sociedade e podemos almejar novos passos nessa jornada coletiva.

Como consequência dessa evolução, proliferam os movimentos de transformação. Economistas, filósofos, empresários, consultores, investidores e vários outros grupos de *stakeholders* abraçam a perspectiva de ter negócios com um propósito maior. São movimentos como o próprio Capitalismo Consciente, o Sistema B, U.Lab, Game Changers, Culture 500, Social Business, Instituto Ethos, entre outros, que promovem ações transformadoras de indivíduos e organizações.

Recentemente, em setembro de 2019, o Encontro +B, na Argentina, promovido pelo Sistema B, reuniu mais de 140 líderes brasileiros, entre eles Guilherme Leal, da Natura, e Marina Silva, ex-ministra do Meio Ambiente e ex-candidata à presidência. Existem mais de mil empresas reconhecidas pelo B. Lab como *Best For The World.* No mesmo ano, o Instituto Capitalismo Consciente Brasil (ICCB) organizou a 1ª Conferência Latino-Americana de Capitalismo Consciente. Mais de 500 empresários se reuniram na cidade de São Paulo para discutir a forma como os negócios são feitos. Inspirada por esse evento do ICCB, a capixaba Fernanda Carvalho propôs replicar um evento semelhante em Vitória, Espírito Santo. O público ultrapassou a marca de 300 empresários. Seja pelo Sistema B ou pelo Capitalismo Consciente, cada vez mais movimentos locais surgem pelo Brasil — Belo Horizonte, Fortaleza, Recife, Rio de Janeiro, Sorocaba, Florianópolis, Porto Alegre, e a lista continua crescendo.

Fink, o CEO da BlackRock, é uma das lideranças que mais fomenta essa mudança no rumo dos negócios. Todo ano ele escreve uma carta aos CEOs das empresas do fundo e, desde 2016, ele repete o mesmo discurso: toda companhia deve não apenas ter resultado financeiro positivo, mas também contribuir positivamente para a sociedade a seu redor. Não estamos falando de fazer reforma de praças como compensação à destruição de casas, dos rios e do planeta, ou de ter uma frase de propósito bonitinha pregada na parede. Também não estamos falando de práticas indiretas e superficiais de responsabilidade social, que ficam distantes do dia a dia dos gestores. Falamos em colocar o fator humano e o propósito no centro da estratégia de negócio. Para Fink, o propósito não é a busca pelo lucro, mas a força motriz capaz de conquistá-lo:

> *"Como CEO, sinto em primeira mão as pressões que as empresas enfrentam no ambiente polarizado de hoje e os desafios de combatê-las. As partes interessadas estão pressionando as empresas a se*

envolverem em questões sociais e políticas sensíveis — especialmente porque veem os governos falhando em fazê-lo de maneira eficaz. Como CEOs, nem sempre acertamos. E o que é apropriado para uma empresa pode não ser para outra. Uma coisa, porém, é certa: o mundo precisa de sua liderança.

À medida que as divisões continuam se aprofundando, as empresas devem demonstrar seu compromisso com os países, regiões e comunidades em que operam, principalmente em questões centrais para a prosperidade futura do mundo. As empresas não podem resolver todas as questões de importância pública, mas há muitas — desde a aposentadoria e a infraestrutura, até a preparação dos trabalhadores para os empregos do futuro — que não podem ser resolvidas sem a liderança corporativa. As empresas que cumprem seus propósitos e responsabilidades com as partes interessadas colhem recompensas a longo prazo. As empresas que os ignoram tropeçam e fracassam. Essa dinâmica está se tornando cada vez mais aparente, à medida que o público mantém as empresas com padrões mais exigentes. E continuará a acelerar à medida que os millennials — que hoje representam 35% da força de trabalho — expressam novas expectativas em relação às empresas em que trabalham, compram e investem."

Em 2019, ao que parece, uma parte importante das maiores empresas do mundo resolveu dar ouvidos a Fink. Em agosto, o The Business Roundtable, grupo que reúne 181 grandes companhias norte-americanas, divulgou um novo posicionamento no qual rompe com a ideia de que o retorno aos acionistas deve ser a prioridade das empresas, uma orientação defendida há mais de 20 anos. As signatárias da carta, entre elas Apple, Amazon, Patagonia, Ben & Jerry's, Walmart, Exxon Mobil, Whole Foods, AT&T, Ford e JP Morgan Chase, empregam mais de 15 milhões de pessoas e alcançam um faturamento somado de sete trilhões de dólares. Com esse novo posicionamento, elas oferecem uma resposta à sociedade norte-americana, cada vez mais desconfiada das vantagens do capitalismo, ao ponto de debater a própria viabilidade do sistema que eles mesmos ajudaram a criar e a disseminar pelo planeta. Na carta, o The Business Roundtable compromete-se com seis pontos específicos:

The business roundtable

Declaração sobre o objetivo de uma corporação

Os norte-americanos merecem uma economia que permita que cada pessoa seja bem-sucedida através do trabalho árduo e da criatividade, e que leve uma vida de significado e dignidade. Acreditamos que o sistema de livre mercado é o melhor meio de gerar bons empregos, uma economia forte e sustentável, inovação, um ambiente saudável e oportunidades econômicas para todos.

As empresas desempenham um papel vital na economia, criando empregos, promovendo a inovação e fornecendo bens e serviços essenciais. As empresas produzem e vendem produtos de consumo; fabricam equipamentos e veículos; apoiam a defesa nacional; crescem e produzem alimentos; fornecem cuidados de saúde; geram e entregam energia; e oferecem serviços financeiros, de comunicação e outros serviços que sustentam o crescimento econômico.

Enquanto cada uma de nossas empresas individuais atende a seu próprio propósito corporativo, compartilhamos um compromisso fundamental com todos os nossos acionistas. Comprometemo-nos a:

1. ***Clientes:*** *entregar valor a nossos clientes. Continuaremos a tradição de empresas norte-americanas liderando o caminho para atender ou exceder as expectativas dos clientes.*

2. ***Colaboradores:*** *investir em nossos funcionários, começando com uma compensação justa e com benefícios importantes.*

Também inclui apoiá-los por meio de treinamento e educação que ajudam a desenvolver novas habilidades para um mundo em rápida mudança. Nós promovemos diversidade, inclusão, dignidade e respeito.

3. **Fornecedores:** lidar de forma justa e ética com nossos fornecedores. Dedicamo-nos a servir como bons parceiros para outras empresas, grandes e pequenas, que nos ajudam a cumprir nossas missões.

4. **Comunidades:** apoiar as comunidades em que trabalhamos. Respeitamos as pessoas em nossas comunidades e protegemos o meio ambiente, adotando práticas sustentáveis em nossos negócios.

5. **Investidores:** gerar valor de longo prazo para os acionistas, que fornecem o capital que permite às empresas investir, crescer e inovar. Estamos comprometidos com a transparência e o envolvimento efetivo com os acionistas.

6. **País:** cada um dos nossos *stakeholders* é essencial. Comprometemo-nos a entregar valor a todos eles, para o sucesso futuro de nossas empresas, nossas comunidades e nosso país.

"O propósito dos negócios não é a busca do lucro, mas, sim, a força vital para almejá-lo."

- Larry Fink

6 MUITO ALÉM DO LUCRO

O propósito de uma empresa não é apenas ganhar dinheiro. Embora ganhar dinheiro seja essencial para a vitalidade e a sustentabilidade de um negócio, esse não é o único, ou mesmo o mais importante, motivo pelo qual ele existe. Empresas conscientes se concentram em seu propósito. Todos nós estamos conectados ao mundo dos negócios e nos expressamos por meio das empresas. O termo negócio, por sinal, provém do latim *negotium*. Basicamente, é a associação das palavras *nec* e *otium*: negar o ócio. Trata-se, portanto, da ocupação ou trabalho de uma pessoa que deixa a preguiça de lado para buscar uma realização através de sua ocupação.

Desde a antiguidade, nas origens das primeiras empresas, o empreendedor era aquela pessoa que deixava a tranquilidade de lado para buscar grandes realizações e desafiar o *status quo*. A história dos primeiros empreendedores surgiu há mais de sete mil anos, na Suméria, por volta do ano 5.000 A.C. Os sumérios são nossos mais antigos ancestrais capazes de desenvolver organizações sociais e políticas. Grupos de arqueólogos encontraram resquícios de edificações e objetos como enxadas, facas e tijolos, que revelam extenso uso de atividade social, agrícola e manufatureira nessa sociedade. Os sumérios foram um dos primeiros povos a deixar de viver da caça para cultivar a terra. Eles inovaram ao criar um calendário para desenvolver a agricultura. Com isso, passaram a observar os ciclos lunares, os meses e as estações. Além de serem notáveis construtores, foram também os responsáveis pelo Código de Hamurabi e pelo desenvolvimento do Alfabeto Sumério.

Todas as grandes revoluções da humanidade estiveram associadas a empreendedores que desenvolveram novos conceitos capazes de reinventar a forma como interagimos, ajudando a elevar a humanidade. Foi por meio de uma administração pública sistematizada e organizada que o Egito se ergueu como um povo evoluído. Foi através da Constituição de Chow, com oito regras de administração, que se ergueu um sistema organizado capaz de suportar o desenvolvimento do Império Chinês. Na evolução histórica da humanidade e da administração, duas instituições se destacam: a Igreja Católica e as organizações militares. Através de sua estrutura e técnicas de gestão, a Igreja se consolidou e se tornou global mesmo após a morte de seu grande líder, há mais de mil anos. As organizações militares evoluíram de um grupo de cavaleiros a uma estrutura de poder rígida capaz de executar de maneira extremamente eficiente seus princípios e práticas de gestão. Há 200 anos, surgiram a Companhia Holandesa e a Companhia Britânica, para fazer negócios com as Índias Orientais. Assim começou a nascer o comércio global de mercadorias, financiador de uma das maiores tragédias da humanidade: a escravidão (como já demonstrado, o capitalismo gera suas externalidades e é preciso saber enfrentá-las. Negar ou esquecer os problemas apenas piora a situação). Há cem anos apareceram os primeiros industriais, que estabeleceram as bases para a Revolução Industrial e, mais recentemente, para a Revolução Digital. A inovação e o empreendedorismo transformam o mundo.

Hoje, estamos vivendo o início de uma nova era. Tudo a nosso redor está em constante mudança. Novas tecnologias surgem em uma velocidade nunca vista — aprendizado de máquina, inteligência artificial, *big data*, *blockchain*, e a lista continua crescendo. A forma como nos comunicamos e nos relacionamos não é a mesma de 2018. Empresas como Google, Apple e IBM, e várias outras, já não exigem mais diploma no processo seletivo. A seleção dos novos contratados é feita com base em habilidades. O que valia ontem já não vale hoje. O que vale agora, talvez, não seja o mesmo nos próximos dias. Segundo o Goldman Sachs, os *millenialls* hoje representam mais de 50% da força de trabalho no mundo. Analisando as projeções do IPEA, projetamos que, até 2030, os *millennials* e as gerações posteriores representarão 63% da força de trabalho e, em 2050, podem chegar a 80%. Testemunhamos uma profunda transformação cultural, talvez a mais importante de nosso tempo.

"O Whole Foods Market tenta colocar em prática todos os princípios do Capitalismo Consciente ao mesmo tempo, mas, como qualquer ser humano ou qualquer empresa, em alguns casos nós também falhamos."

- John Mackey

7
AS EMPRESAS HUMANIZADAS

Se você pudesse implementar um novo sistema de gestão em sua empresa, que gerasse uma rentabilidade financeira duas vezes superior à média das 500 maiores companhias do Brasil, qual seria o seu primeiro pensamento? Provavelmente, buscaria mais informações. O próximo passo seria entender os custos e os riscos envolvidos nessa mudança. Esse sistema não somente existe como também não é preciso assumir grandes riscos ou gastar muito dinheiro para adotá-lo. A pesquisa Empresas Humanizadas mostra que, ao fazer negócios da maneira correta, com autenticidade, ética e ajuda para curar os problemas do mundo, uma empresa pode, naturalmente, melhorar seu desempenho. Basta ter legitimidade para conquistar o coração, a admiração e a confiança de seus *stakeholders*.

Esse novo modelo de gestão já é praticado no Brasil. Algumas das empresas com os melhores resultados financeiros do país são movidas por paixão e propósito, não por dinheiro. Elas possuem uma rentabilidade sobre o patrimônio líquido superior por, justamente, ajudarem todas as partes interessadas a prosperar: colaboradores, clientes, fornecedores, investidores, parceiros, comunidades e sociedade. Essas organizações tornam o mundo melhor pela maneira como fazem negócios — e o mundo responde. Esse grupo de empresas atua alicerçado em quatro pilares fundamentais: propósito maior, orientação para *stakeholders*, liderança e cultura conscientes. A partir desses pilares, criou-se um conjunto de práticas que gera valor financeiro, sustentabilidade e bem-estar social.

Para avaliar essas empresas, nosso time de pesquisa da Universidade de São Paulo (EESC-USP) desenvolveu uma base de dados inédita no país, consolidando 18 indicadores. Ela contém avaliações de mais de 900 mil consumidores e 136 mil colaboradores. Na primeira fase da pesquisa, analisamos 1.115 companhias, responsáveis por mais da metade do PIB brasileiro. Desse grupo, selecionamos as 50 melhores para uma avaliação em profundidade.

Cometemos algumas injustiças ao selecionar apenas as 50 primeiras empresas para avançar na pesquisa. Sabemos disso. Companhias com excelentes práticas humanizadas podem ter ficado de fora. Selecionamos apenas 50 porque não tínhamos ideia do esforço necessário para realizar avaliações *multi-stakeholders* em profundidade, afinal, era nossa primeira experiência com um estudo dessa proporção. Por isso, tivemos que restringir o grupo selecionado. De todo modo, construímos um método científico robusto, capaz de considerar múltiplas perspectivas. Segundo o professor Raj Sisodia, a versão brasileira é mais sistemática do que a pesquisa original (www.firmsofendearment.com). Isso permite que ela seja facilmente replicável em outros países — nesse momento, temos conversas abertas para levar essa nova versão para os Estados Unidos, México, Portugal, Espanha e Israel. O potencial de impacto global é enorme. Após aplicar *surveys multi-stakeholders* nas empresas selecionadas e considerando as respostas e as narrativas de 2.436 diferentes *stakeholders*, conseguimos chegar a um conjunto de 22 organizações que se destacam pelas melhores práticas e pelos resultados alinhados ao conceito de Empresas Humanizadas.

AS EMPRESAS HUMANIZADAS 47

As 22 finalistas da 1ª edição da pesquisa Empresas Humanizadas (2018/19)

Tamanho	Empresa	Origem	Setor de atividade
50 a 99 colaboradores	Elo7	Brasileira	Startup e serviços
	Fazenda da Toca Orgânicos	Brasileira	Alimentos
	Mercos	Brasileira	Startup e serviços
	Multiplus	Brasileira	Serviços financeiros
200 a 999 colaboradores	Bancoob	Brasileira	Serviços financeiros
	Braile Biomédica	Brasileira	Produtos de saúde
	Raccoon	Brasileira	Marketing digital
	Venturus	Brasileira	Tecnologia de informação e serviços
mil a 4.999 colaboradores	O Boticário	Brasileira	Cosméticos
	Cielo	Brasileira	Tecnologia de informação e serviços
	Clear Sale	Brasileira	Tecnologia de informação e serviços
	Jacto	Brasileira	Máquinas agrícolas
	Reserva	Brasileira	Varejo e moda
	Unidas	Brasileira	Serviços
5 mil a 9.999 colaboradores	Cacau Show	Brasileira	Varejo e alimentos
	Malwee	Brasileira	Varejo e moda
	Natura	Brasileira	Cosméticos
mais de 10 mil colaboradores	Johnson & Johnson	Norte-americana	Produtos de saúde
	Klabin	Brasileira	Papel e produtos florestais
	Sociedade Beneficente Israelita Albert Einstein	Brasileira	Saúde e serviços
	Tetra Pak	Sueca	Embalagens
	Unilever	Anglo-holandesa	Bens de consumo

Em períodos longos, de 4 a 16 anos de análise, as EHBR (Empresas Humanizadas do Brasil) de grande porte que reportam dados financeiros ao "Guia Exame Melhores & Maiores", chegam a ter rentabilidade 132% superior à média das 500 maiores empresas do país. Mesmo passando por diferentes crises políticas e econômicas nos últimos anos, elas tiveram resultado financeiro superior às demais em todos os períodos de análise.

Essas empresas também alcançam, junto aos clientes, uma satisfação 239% superior. Os índices de comprometimento e bem-estar dos colaboradores alcançam valores 224% maiores. As EHBR tornam o mundo melhor pela maneira como fazem negócios. E o mundo responde. Quando uma empresa compreende a razão pela qual existe e vive esse propósito maior de maneira autêntica e legítima, a sociedade naturalmente retribui. Os colaboradores ficam mais engajados. Os clientes se fidelizam e passam a promover a marca. Os fornecedores, parceiros, investidores e a comunidade passam também a defender essa empresa. Esse é o fator crítico do sucesso nos negócios. É gerando valor para todos os envolvidos que as melhores empresas conseguem prosperar.

Empresas Humanizadas geram resultado superior

224% Colaboradores mais satisfeitos
239% Consumidores mais satisfeitos
132% Maior retorno para investidores e acionistas

É importante ressaltar que algumas empresas tiveram resultados excepcionais em nossa base de dados, mas não avançaram na pesquisa, pois, quando convidadas a realizar estudos em profundidade, estavam participando de outras pesquisas. É o caso de Google, Nubank, Geekie, Novo Nordisk, Toyota, Honda, Elektro, Gerdau e Magazine Luiza. A Gerdau nos surpreendeu ao comentar que aguardaria para participar da próxima edição da pesquisa, pois, naquele momento, iniciava um grande projeto de transformação. Ficou claro que a empresa não está buscando autopromoção, mas, sim, dar passos estruturados em busca de um futuro mais próspero. Essas empresas certamente têm potencial para entrarem na próxima edição da pesquisa.

AS EMPRESAS HUMANIZADAS **49**

Também é importante reforçar que convidamos apenas companhias que tinham histórico de dados robustos e consistentes nos últimos cinco anos. Por adotarmos esse critério, muitas empresas B não entraram nessa primeira edição por adotarem modelos de negócio novos, sem uma quantidade de avaliações de clientes e colaboradores estatisticamente significativa. Acreditamos que muitas B Corps, como a Avante, Dengo, Fazenda da Mata, Filó, Grupo Gaia, Keiff Kefir, Mov Investimentos, Move Social, Positiv.a, Rede Asta, Social Docs, Triciclos, entre outras, tenham potencial para figurar nas próximas edições.

Da mesma maneira, algumas empresas podem deixar a lista. A primeira candidata é a Multiplus. Em outubro de 2019, a Latam recomprou 100% das ações da empresa de fidelidade por 300 milhões de dólares. Quando lançamos os resultados, em março de 2019, sabíamos dessa possibilidade. Decidimos manter a empresa na lista por dois motivos. Primeiro, ser o mais fiel possível à metodologia que estávamos criando. Segundo, queríamos dar um retorno para a Latam, para que pudesse olhar com mais atenção e carinho ao ambiente organizacional da Multiplus. Nossa intenção é rodar a pesquisa a cada dois anos, de tal maneira que seja possível monitorar a evolução dos negócios no país. Dessa forma, será comum ter empresas entrando e saindo do grupo de finalistas.

Desde o lançamento dos resultados, o site humanizadas.com tem uma média diária de quatro novas empresas solicitando acesso para participar da próxima edição. Nossa base de dados já contempla mais de 3.200 empresas. Diante desses números, acreditamos em que o impacto da Humanizadas está apenas em sua fase inicial e que mais empresas e negócios conscientes passarão a integrar esse seleto grupo.

QUER SABER MAIS SOBRE A PESQUISA?
Utilize o QR Code ao lado ou acesse:
www.humanizadas.com

"Ninguém cresce sozinho."

- *Shunji Nishimura*

8 O PODER DA TRADIÇÃO

Shunji Nishimura chegou ao Brasil em 1932. Sua intenção, assim como a de milhares de japoneses, era fazer dinheiro e voltar para seu país. O Japão vivia uma grave crise econômica. Não havia emprego, especialmente para os jovens. O recém-chegado acabou na roça, na lavoura de café, mas essa não era sua especialidade. Mecânico por formação, não se adaptou à vida dura de camponês e, depois de uma breve passagem pelo Rio de Janeiro, estabeleceu-se em São Paulo, à época uma metrópole ainda em formação. Na capital paulista, no bairro da Lapa, montou uma pequena operação para produzir latinhas metálicas, usadas para armazenar chá preto. Passou a frequentar a igreja Episcopal e conheceu a professora Chieko, com quem se casou e teve quatro filhos.

O trabalho na capital paulista era duro e o dinheiro, curto. Mal pagava as despesas. Em 1938, seis anos após desembarcar no Porto de Santos, sem muitas perspectivas, Shunji Nishimura mais uma vez partiu em busca de melhores oportunidades, motivado apenas pela perseverança e a fé em um futuro melhor. Chegou sem destino à Estação da Luz, de onde partiam os trens para o interior do Estado. No guichê, pediu o trajeto mais longo. O fim da linha era a pequena cidade de Pompeia, logo depois de Marília, no extremo oeste do estado. Para quem havia feito o trajeto Japão–Brasil de navio, a viagem de trem parecia curta.

Em Pompeia, Shunji viveu de bicos, por dez anos. Sua chegada à região coincide com a escalada das tensões mundiais que culminaram no estouro da Segunda Guerra Mundial. O conflito prejudicou o fluxo de comércio global. A indústria nacional só viria a ganhar alguma relevância a partir da década de 1960, com o milagre econômico. Na época, era difícil conseguir mercadorias, especialmente industrializadas, e obter peças de reposição para qualquer máquina era praticamente impossível. Isso tornava o conserto de equipamentos uma atividade importante. O mecânico Shunji soube tirar proveito desse cenário, confeccionou uma plaquinha com os dizeres "conserta-se tudo" e resolvia problemas de qualquer tipo de equipamento avariado. Sua ética do trabalho não permitia enrolação. Se não conseguia consertar, dizia. Caso se comprometesse com o serviço, entregava. Por isso, ganhou fama de confiável e habilidoso em Pompeia e nos arredores.

Tudo mudou quando um fazendeiro alemão precisou de reparo em uma geringonça importada, uma polvilhadeira, ou pulverizador, usada para a dispersão de defensivos agrícolas nas plantações. Shunji não conhecia o equipamento, aparato singelo diante dos modernos e tecnológicos implementos agrícolas de hoje, mas, na época, uma das poucas ferramentas mecanizadas que os agricultores possuíam em suas lavouras. À primeira vista, parecia consertável.

O trabalho de reparar a polvilhadeira se mostrou mais complexo do que o calculado. Shunji montou e desmontou o equipamento inúmeras vezes. A cada tentativa, um erro. A cada erro, um aprendizado. Foi difícil, mas concluiu o serviço na data combinada. Com exagero, pode-se dizer que o feito revolucionou a produção agrícola da região. Todos os fazendeiros queriam conhecer o japonês que consertava as polvilhadeiras. Dizia-se que elas ficavam melhores do que as originais depois de passarem pelas mãos habilidosas do artesão. O feito abriu novas perspectivas para Shunji. Percebendo o potencial do mercado, ele investiu na criação de sua própria marca e passou a produzir, em sua pequena lojinha de reparos, polvilhadeiras agrícolas. Esse foi o começo da Jacto, fabricante de máquinas e implementos agrícolas que faturou R$1,2 bilhão, em 2017, e tem mais de 3.500 funcionários.

As primeiras máquinas produzidas por Shunji não eram tão boas quanto as importadas. Havia dificuldade em encontrar material básico para a produção e o processo artesanal resultava em algumas diferenças de qualidade entre cada unidade. Por outro lado, suas polvilhadeiras tinham um diferencial competitivo impossível de ser igualado pela concorrência: a confiança. "Quando quebrava, o agricultor levava o equipamento para o meu pai e ele consertava o mais rápido possível. As importadas podiam ser melhores em termos técnicos, mas não havia esse relacionamento", afirma Jorge Nishimura, filho de Shunji, que hoje preside o conselho de administração do grupo. Shunji não vendia uma *commodity*. Seu foco não estava apenas no produto. Ele compreendia que o importante era garantir que o cliente pudesse contar com a máquina pelo máximo de tempo possível. Manter a operação do agricultor funcionando era tão importante quanto aumentar o número de polvilhadeiras vendidas. O trato pessoal e a proximidade do problema do cliente ditavam o ritmo. "A postura de ser responsável por aquilo que fabricamos é uma característica da nossa empresa até hoje", relata Jorge.

Ao mesmo tempo, essa preocupação em estar próximo do agricultor, colocando-se no lugar dele, propiciava melhorias no produto. O crescimento da Jacto acompanha, desde sempre, a evolução da agricultura e da indústria brasileiras. Porém o cuidado com o trabalhador e o compromisso com os clientes viabilizaram inovações importantes. Shunji foi um dos primeiros a oferecer no mercado a polvilhadeira costal, que podia ser carregada nas costas, como uma mochila, e não na frente, como os modelos tradicionais. Foi pioneiro na introdução do plástico nos produtos. Até então, as polvilhadeiras eram feitas inteiramente de peças metálicas, o que resultava em um equipamento pesado que castigava o trabalhador. Carregar o equipamento era uma tarefa penosa, ainda mais árdua à medida que se avançava na pulverização das lavouras quilométricas. O plástico era visto como um material de menor resistência, incompatível com o ambiente severo da agricultura. Shunji percebeu que poderia substituir alguns componentes metálicos pelo material e tomou para si a tarefa de desenvolver um polímero capaz de suportar as intempéries do campo. A iniciativa resultou na primeira polvilhadeira com reservatório de plástico do mercado brasileiro, que se tornaria padrão na indústria. Mais leve, ela aumentava consideravelmente o conforto e a produtividade do agricultor. Essa experiência também deu origem a uma fábrica especializada em injeção de plástico, inicialmente voltada para atender a demanda da própria Jacto e que, em 1976, se transformaria na UNIPAC, atualmente uma das principais fornecedoras de embalagens e produtos técnicos para as indústrias de agroquímicos, alimentos e veículos.

Hoje, a Jacto parece grande demais para Pompeia, com seus cerca de 20 mil habitantes. A empresa emprega, só no município, mais de três mil funcionários, e impacta diretamente quase metade da cidade. Suas operações se estendem para outras cidades, no Brasil e no exterior. Há uma fábrica recém-inaugurada no Maranhão e duas internacionais, na Argentina e na Tailândia. Nos Estados Unidos, a Jacto mantém um escritório comercial. Seus produtos são exportados para o mundo inteiro. O centro administrativo, no entanto, fica na cidadezinha do interior paulista. Shunji, que morreu em 2016, nunca perdeu a relação com a cidade, sentimento que passou para os filhos. Jorge e boa parte da família Nishimura moram em Pompeia e participam ativamente da comunidade. No início de 2018, o empresário liderou um movimento que tinha o objetivo de estabelecer as bases para o crescimento do município, repensando suas estruturas. "Fizemos uma reunião com alguns líderes da região para elaborar um plano de desenvolvimento. A primeira pergunta que fiz foi como enxergavam o futuro de Pompeia. Ninguém soube responder", conta Jorge, aos risos. "Definimos, assim, nosso ponto de partida. Deixamos a reunião com uma lição de casa: descobrir o que nós queremos para nossa cidade."

A conexão com os valores de Shunji também não se perdeu. A Jacto passou por diversas crises ao longo dos anos, algumas relacionadas ao momento econômico brasileiro, outras a divergências internas. O resgate do propósito inicial da empresa garantiu a sobrevivência nos piores momentos. É notório que empresas familiares raramente passam da segunda geração. Os Nishimura desafiaram essa lógica com uma estratégia construída sobre valores e princípios extraídos da sua própria história familiar. Assim, não somente evitaram a derrocada da companhia após a saída de seu fundador, como fortaleceram o negócio.

Quatro décadas depois de pegar um trem até o fim da linha, abrir sua loja de reparos, iniciar a produção de polvilhadeiras e consolidar a Jacto como uma importante fabricante de equipamentos agrícolas, Shunji Nishimura decidiu passar o bastão. Em 1979, o fundador se afastou do comando da empresa e transferiu a responsabilidade para os filhos. Como legado, o imigrante japonês deixou uma indústria estruturada, bem gerida e com boas perspectivas de crescimento. Mais importante, transmitiu à nova geração seu senso de responsabilidade, sua ética de trabalho e um conjunto de valores morais bem definido.

À frente da companhia está o primogênito Jorge. Alto e magro, jeito tranquilo, o presidente do conselho da Jacto é um homem religioso e pleno em sua espiritualidade. Seu conservadorismo é evidente. O que não o impede de identificar, aceitar e celebrar as mudanças da sociedade. A tradição, para ele, é uma forma de honrar o passado e lembrar os erros e acertos que fizeram parte da trajetória de sua família e, consequentemente, da empresa. Os princípios e valores funcionam como balizas, espécies de *guard-rails* filosóficos, que garantem a continuidade e a perseverança. Sem isso, não há como confiar no caminho traçado. O novo, o diferente e o inusitado, por sua vez, indicam o futuro. O lugar aonde se quer chegar e o caminho a ser traçado dependem dessas indicações. Com essa visão, os Nishimura estão conseguindo manter um negócio familiar de alto desempenho. O segredo está na capacidade de promover mudanças sem perder a ligação com o passado.

Segundo Jorge, o mais indicado para explicar a experiência dos Nishimura na transmissão de comando é equipará-la com a mudança de um regime monárquico para um republicano. "Enquanto meu pai estava no comando, ele agia como um rei", afirma. "Ele era o dono, o pai, tomava as decisões e fazia tudo. Quando assumimos, tentamos replicar esse modelo, sem sucesso. Irmão não é pai, e sócio não é dono." O fim do "reinado" e a chegada da "república parlamentarista", como define Jorge, gerou a necessidade de escrever uma nova constituição. Por mais enraizados que estivessem os valores familiares, havia diferenças fundamentais no modo de agir e pensar das diferentes gerações. Os Nishimura reorganizaram a estrutura da empresa.

As decisões passaram a ser tomadas por um colegiado, que incluía todos os irmãos. Gradativamente, foram criadas as normas de gestão que hoje regem a Jacto, sempre apoiadas nos valores deixados pelo pai.

A transição de comando antecedeu um período complicado para a companhia. O Brasil passou por uma barafunda de planos econômicos, durante toda década de 1980 e início da de 1990, que provocou uma crise atrás da outra. Cada vez que uma equipe econômica anunciava um plano mirabolante para consertar a economia, o mercado entrava em compasso de espera. "Eram pelo menos dois meses de paralisia geral", lembra Jorge. O período mais difícil foi durante o governo de José Sarney (1985-1990). O país enfrentava uma grave crise econômica, decorrente da dificuldade em equacionar a dívida externa e os desequilíbrios fiscais do governo, que resultaram em uma elevadíssima taxa de inflação. O fracasso do Plano Cruzado gerou uma crise no crédito agrícola, prejudicando todo o setor — em 1988, Sarney e o então ministro da Fazenda, Maílson da Nóbrega, entraram em rota de colisão em virtude da dívida dos agricultores com os bancos, segundo reportagem de Josias de Souza, publicada na Folha de São Paulo.[1] O motivo era a cobrança de correção monetária sobre créditos destinados a produtores rurais, que Nóbrega entendia ser preciso cobrar integralmente, enquanto o presidente defendia a ilegalidade da exigência. No fim das contas, o setor amargou um longo período de dificuldades em obter empréstimos bancários, pelo menos até a instituição do Plano Real, no governo de Itamar Franco. "Durante todo esse tempo, era impossível pensar em planejamento. Qualquer estratégia morria no plano seguinte", diz Jorge.

A instabilidade econômica dificultava a elaboração de planos estratégicos de longo prazo. O jeito era dançar conforme a música. Nos curtos períodos de crescimento econômico e relativa prosperidade, era possível expandir, sempre com cautela. Nas crises, valia o esforço de poupar durante a bonança. "Muita gente quebrou", lamenta Jorge. A austeridade e a proximidade com os clientes, partes centrais do legado deixado por Shunji, garantiram a sobrevivência nesses tempos conturbados. Nos anos 1990, o cenário começou a mudar. O controle da inflação e a estabilidade monetária trouxeram novas

....
[1] https://www2.senado.leg.br/bdsf/bitstream/handle/id/122007/06_30jun88%20-%200423.pdf?sequence=1.

perspectivas. Entre os Nishimura, crescia o desejo de elaborar um novo plano para a empresa, que levasse em consideração esses novos tempos e fornecesse uma perspectiva de futuro mais definida.

Com a chegada do novo milênio, não era mais possível adiar a elaboração de um plano estratégico de longo prazo. Seria preciso revisitar os valores deixados por Shunji. "Fomos em busca de um consultor para nos auxiliar", afirma Jorge. "Quem me chamou atenção foi o Victor Pinedo. A primeira coisa que ele falou, quando o abordamos, foi que plano estratégico se constrói em cima de valores. Eu pensei: opa, tem alguém com um discurso diferente." Pinedo, um holandês radicado no Brasil, é autor do livro *Tsunami — Construindo Organizações Capazes de Prosperar em Maremotos* (Gente, 2002). Ele atua na reestruturação organizacional das empresas e adota uma linha humanizada para a gestão. Defende que as empresas devem ter uma atuação mais ética, sustentada por um conjunto de valores. Nesse modo de agir, a inspiração deve vir de dentro da empresa, de seu âmago; caso contrário, os líderes cairão na mesma cilada que vitimou organizações como Enron, Arthur Andersen, WorldCom, entre outras, envolvidas em escândalos corporativos que acabaram por destruir o próprio negócio. No Brasil, situações como as das empreiteiras envolvidas na Lava Jato, antes consideradas empresas sólidas e éticas, servem como sinal de alerta.

Os valores de uma companhia não são inventados. Não se determina, de uma hora para outra, quais princípios deve-se seguir, nem quais pretende-se alcançar. Jorge e sua família descobriram que os valores existem e estão presentes nas organizações, mesmo sem serem notados. O trabalho a ser feito é o da descoberta. Em 2003, a Jacto mergulhou em uma jornada de autoconhecimento. Para elaborar seu plano estratégico, a liderança da empresa precisou, primeiro, passar por um processo de autoanálise para conhecer, ou relembrar, quem eles eram, suas origens, como pensavam e o que os motivava. "Foi um mergulho muito interessante. Nós éramos uma empresa de valores, mas nunca havíamos escrito nada a respeito, não havia nenhuma manifestação nossa nesse sentido", diz Jorge. Assim, a liderança decidiu realizar uma pesquisa, na empresa, para saber quais eram os valores manifestados pelos funcionários. "Ou não sabiam, ou citavam alguma coisa que não era um valor", lembra Jorge. Comunicar é outro problema. É difícil resumir um sentimento, forjado a ferro e fogo por várias gerações, em algumas poucas palavras.

O processo de descobrimento é penoso. Olhar para dentro pode significar se deparar com traumas, dores e dissabores. Os valores precisam estar definidos, em sentenças curtas, fáceis de compreender e repassar. Por natureza, eles devem ser eternos. Aquilo que está expresso deve ser capaz de envelhecer sem perder a relevância ou o sentido. Para Jorge, atuar de acordo com os valores é uma questão de vida ou morte. "Se deixarmos de praticá-los por um só dia, a empresa vai desaparecer. Se, por outro lado, formos fiéis ao que está escrito, a empresa vai sobreviver diante de qualquer dificuldade", diz.

O trevo, símbolo da empresa, é uma planta comum no Japão. Durante períodos de guerra, os campos eram muitas vezes devastados e os agricultores perdiam as plantações. Os trevos eram as primeiras plantas a brotarem. O símbolo representa esperança, renovação e perseverança. A empresa também incorpora em sua cultura o *Bumpunku*, conceito criado pelo autor japonês Koda Rohan e que representa o compartilhamento da felicidade. A Jacto tenta se manter presente na vida de seus colaboradores através da alegria em reportar vitórias e dividir conquistas.

A história da Jacto e de seu fundador respalda essa visão e esses valores. Shunji construiu seu legado sobre os conceitos de respeito e compromisso. Esses elementos mantiveram a família unida e salvaram a empresa em seus piores momentos. Por outro lado, a insistência em se ater a esses valores, colocando-os acima de qualquer resultado, atuou como um freio para o crescimento. A Jacto foi conservadora em tempos de bonança e Jorge reconhece isso. No entanto, foi a crença em um objetivo muito maior do que o lucro que garantiu a perenidade da empresa e da família.

Não há como dissociar a Jacto dos Nishimura. Existem maneiras de evitar que laços familiares interfiram nas decisões de negócios por meio de regras de governança bem definidas e cumpridas à risca. Porém, se é possível dizer que uma empresa tem alma, ou "DNA", como se diz no jargão corporativo, essa seria a alma ou o DNA da própria família. O sucesso de um define o sucesso do outro. Quando deu início a essa empreitada, Shunji, não imaginava o alcance e a extensão de suas ações. O que permitiu a construção dessa história foram os valores fundamentais de sua existência, que carregou consigo do Japão até Pompeia, e são passados adiante por sua família. Resgatar as histórias de Shunji nos faz lembrar de que as empresas e a sociedade são formadas por pessoas. Honrar nossos compromissos nada mais é do que acreditar em nós mesmos.

"Operar sobre os princípios do Capitalismo Consciente mostrará que os negócios são o verdadeiro instrumento de geração de valor para elevarmos a humanidade."

- John Mackey

9 UMA BASE CONSCIENTE

A base conceitual das EHBR é o Capitalismo Consciente. O movimento é extremamente relevante no contexto atual. Há uma forte comoção social clamando para que o desenvolvimento do Brasil passe por um sistema de maior igualdade social e liberdade econômica. A ideia de "menos Brasília e mais Brasil", ou seja, menos Estado e mais mercado, ganha força. Mas, na prática, se o estado reduzir sua ingerência na economia e o mercado não estiver preparado para ocupar esse espaço com outro nível de qualidade, perderemos a chance de colocar o Brasil no caminho do crescimento sustentável. O empreendedorismo com propósito precisa conseguir materializar o desenvolvimento que os governos não são capazes de entregar e atender às demandas da sociedade por prosperidade, qualidade de vida e justiça social. A base conceitual das EHBRs é o Capitalismo Consciente, movimento extremamente relevante no contexto atual. Ricardo Catto, conselheiro do Instituto Capitalismo Consciente e apoiador dessa pesquisa desde o início, foi a primeira pessoa a nos alertar para isso. E, agora, com os exemplos inspiradores das EHBR, temos uma chance única de criar uma narrativa diferente para o ambiente de negócios no país.

A partir da pesquisa podemos identificar fatores críticos de sucesso das organizações que estão liderando essas transformações. Não existem empresas perfeitas, mas existem empresas que avançaram na jornada de evolução de consciência e que desenvolveram regras de negócio radicalmente opostas às metodologias do século passado. Há um novo paradigma para o mundo dos negócios, mesmo que algumas pessoas não estejam cientes disso. As EHBR não consideram o negócio como uma máquina de fazer dinheiro, mas, sim, um tecido social, com todas as suas interdependências, disposto a curar as dores da sociedade e do planeta.

Resposta aos dilemas

Os conceitos de Capitalismo Consciente e de Empresas Humanizadas são uma resposta aos dilemas contemporâneos, oferecendo um novo rumo para a economia. Eles nascem da visão de pessoas que perceberam os ventos transformadores e buscaram uma resposta fora da racionalidade tradicional dos negócios, e trazem uma nova lógica baseada em dimensões do comportamento humano completamente negligenciadas pelas companhias, como o amor e o afeto. Pode parecer utópico pensar em resolver os desafios do capitalismo, apostando nesses sentimentos que, até recentemente, não tinham lugar no ambiente corporativo. Na verdade, eles sempre simbolizaram fraqueza. O padrão nas empresas, até hoje, é de fazer com que os funcionários se dispam de toda sua humanidade ao vestir o uniforme. Qualquer sentimento de carinho, empatia, alegria ou felicidade é visto, em grande parte das corporações, como fatores de desestabilização e desconcentração. Contudo, a rejeição a esses valores intangíveis, fundamentais para a existência e para a convivência em sociedade, é ineficiente. A valorização do humano é um diferencial competitivo. O exercício do amor é contagioso, portanto, ao promoverem o amor as empresas são amadas. Ao abarcar vulnerabilidades antes negligenciadas, tornam-se mais fortes, coesas e menos voláteis.

A humanização da economia protege o legado do capitalismo. Não podemos retroceder a uma época sem comércio entre os países ou a um assistencialismo paternalista. O capitalismo deve seguir cumprindo seu papel de prover paz e prosperidade. Para isso, é necessário colocar as pessoas como protagonistas do desenvolvimento e a melhor forma é por meio da empatia, do cuidado, do amor e do afeto na gestão das empresas e nas políticas públicas.

Isso não é um exercício retórico. A busca pela consciência é uma jornada que se inicia com o autoconhecimento. Toda empresa humanizada atua de acordo com um propósito, que não pode ser a busca pelo lucro. A rentabilidade é importante para os negócios — matemática simples, quem gasta mais do que ganha, quebra. Entretanto, a razão de existir das empresas não é o dinheiro. Essa é grande quebra de paradigma do Capitalismo Consciente.

O que move as pessoas? O que faz um indivíduo assumir riscos, tomar dinheiro emprestado e iniciar um negócio novo sem nenhuma garantia de retorno? Afinal, qual é o objetivo de um empreendedor? No senso comum, a resposta para todas essas perguntas seria uma só: dinheiro. As empresas são criadas para dar lucro e seus fundadores têm como único objetivo enriquecer. Mas será que é somente isso mesmo? Para o professor Raj Sisodia, um dos fundadores do movimento Capitalismo Consciente, não. "Analisando a história das empresas, descobrimos que a maioria delas é criada por um motivo maior do que a simples busca pelo lucro", afirma. O que os empreendedores querem é cumprir uma missão e causar algum impacto no mundo. O que os motiva não é apenas o dinheiro, é o propósito maior do negócio. A base do Capitalismo Consciente é a busca por esse propósito maior que o lucro, que está presente nas organizações desde o princípio, mas, conforme as companhias crescem e passam a movimentar mais dinheiro, perde-se, trocado por uma lógica puramente financeira.

"O negócio dos negócios é sobre as relações humanas. O negócio da vida é sobre as conexões humanas."

- Robin Sharma

10 CIÊNCIA DA ADMINISTRAÇÃO HUMANIZADA

"A doutrina cooperativista é de valorização de pessoas", afirma Marco Aurélio Almada, CEO do Bancoob. O sotaque mineiro contrasta com sua assertividade. Almada não come pelas beiradas, vai direto ao ponto e sabe do que está falando. A conversa de mais de uma hora, que tinha o objetivo de entender por que o Bancoob é uma Empresa Humanizada, transforma-se em uma aula sobre o sistema financeiro e a origem da administração de empresas. Para Almada, administrar é humanizar e ele comprova esse pensamento fazendo uma imersão na história do cooperativismo.

O Bancoob é o maior banco cooperativo do país. Em termos de tamanho, ele só perde para os cinco grandes bancos de varejo brasileiros: Itaú, Bradesco, Santander, Caixa e Banco do Brasil. Para Almada, o cooperativismo nasce da dor dos excluídos pelo sistema financeiro. Sem condições técnicas e comerciais para atender determinados setores e extratos da população, os "bancões" traçam uma régua entre aqueles que podem ter acesso a crédito e outros serviços financeiros, e aqueles que formam a massa dos "desbancarizados". Isso cria, por parte da sociedade, a necessidade de ações comunitárias. O cooperativismo é, portanto, um setor humanizado.

As primeiras cooperativas de crédito brasileiras surgem no campo. A atividade agrícola está dividida em três processos principais: custeio, investimento e comercialização. Os dois últimos se referem à colheita e à venda da produção, momentos que interessam aos grandes bancos. A maior dificuldade de financiamento está no custeio. Quando já se tem uma plantação e é possível estimar o seu valor com alguma exatidão, é fácil obter crédito. Mas nenhuma instituição financeira quer emprestar dinheiro para o agricultor — em especial os pequenos produtores — se o objetivo for comprar semente, adubo e preparar a terra, porque o risco é muito alto.

No passado, havia, ao mesmo tempo, o problema da tecnologia. "No tempo em que não existia computadores, tudo era feito no papel", explica Almada. "Os bancos precisavam dedicar uma pessoa para preencher e gerenciar os formulários dos clientes. No caso de um empréstimo, esse funcionário tinha de calcular cada prestação individualmente. Havia um limite de contas que cada profissional podia gerenciar. Se os valores movimentados fossem muito baixos, não compensava para o banco, pois não pagava nem o salário do funcionário." Por essa razão, estabelecia-se um limite. Abaixo de determinada renda ou faturamento, era impossível abrir uma conta.

Muitas pequenas cidades ficaram totalmente isoladas do sistema financeiro. Nesses casos, a partir da união entre a assembleia legislativa e os produtores, nascia uma cooperativa. "Sem banco, não tem economia. O aposentado vai receber na cidade do lado e já gasta por lá. As cooperativas de crédito surgem para resolver essa dor que era a falta de agências bancárias em boa parte do país", afirma Almada. O problema do crédito, no entanto, persistia. Os agiotas ocupavam o espaço do banco na hora de emprestar o dinheiro. "Era aquela coisa: juros lá em cima e métodos pouco ortodoxos de cobrança. As cooperativas só foram parar em pé com a criação dos bancos cooperativos, como o Bancoob."

Origem europeia

A construção do sistema financeiro cooperativo começa na Europa. O desenvolvimento desse modelo se confunde com o surgimento dos primeiros conceitos de administração de empresas, ainda no contexto da Revolução Industrial. A ideia de humanização está na raiz do pensamento cooperativista. Almada descobriu essa vocação humana do Bancoob e a própria vocação, enquanto se debruçava sobre a literatura do cooperativismo, logo que começou a trabalhar na instituição. "Tive uma carreira bem-sucedida em bancos públicos e comerciais. Mas aceitei o desafio de trabalhar no cooperativismo quando alguns amigos me chamaram para participar da criação do Bancoob. Por consequência, resolvi estudar", afirma o executivo.

Em seu *best seller Fator Humano e Desempenho*, o austríaco Peter Drucker, considerado o pai da administração moderna, relata a história do reformista britânico Robert Owen. Filho de artesãos, Owen galgou posições dentro de uma tecelagem em Manchester, na Inglaterra, até chegar a diretor e sócio do empreendimento. Nessa condição, realizou uma série de reformas nas relações trabalhistas. Reduziu a jornada de trabalho, estabeleceu políticas para melhoria da qualidade de vida dos funcionários e, em sua jogada mais ousada, transformou empregados em sócios, criando o que é considerada a primeira cooperativa da história, no final do século XVIII. "Owen foi a primeira pessoa a entender que era preciso humanizar as relações de trabalho", afirma Almada. "Ele transformou uma indústria capitalista em uma sociedade de pessoas."

Na visão de Almada, Drucker deixa claro que Owen foi o primeiro administrador de empresas da humanidade devido à sua capacidade de enxergar o fator humano nos negócios. "É preciso entender o contexto da Revolução Industrial. Estabelecia-se uma mudança no modo de produção, porém as relações de trabalho eram baseadas no sistema feudal. As empresas funcionavam pela via do feitor. Nesse modelo, as pessoas eram subjugadas violentamente e trabalhavam de maneira servil", explica. "É a partir do cooperativismo que se estabelecem as práticas de gestão e administração contemporâneas, todas fundamentadas na ideia da humanização."

O modelo se espalha pela Europa através dos artesãos, as pequenas empresas do século XIX — até hoje, por sinal, uma categoria que enfrenta dificuldades de crédito, especialmente em países menos desenvolvidos. Na década de 1850, quando o cooperativismo já estava estabelecido como um modelo viável para pequenos produtores, surge a primeira cooperativa financeira, na Alemanha. O advogado Hermann Schulze-Delitzsch, membro do parlamento alemão, desiste da vida pública para se dedicar a sua cidade, Delitzsch, onde ele cria a primeira *Vorschuss Verein*, associação de crédito precursora dos atuais *Volksbanken*, ou "banco do povo" (a propósito, Schulze-Delitzsch foi o primeiro a cunhar essa expressão). Em 1855, ele publica sua mais importante obra, *Vorschuss - Und Kreditvereine Als Volksbanken*, na qual estabelece os princípios de negócios de seu modelo bancário cooperativo e apresenta uma proposta prática sobre como configurar e administrar produtos financeiros, como poupança e empréstimos.

A Revolução Industrial acelera as transformações no modo de produção e aumenta as desigualdades. Surgem as primeiras grandes corporações, que são atendidas pelos bancos, enquanto artesãos e agricultores ficam de fora do sistema. As mudanças deterioram as condições financeiras dos pequenos empreendedores, que enxergam no cooperativismo uma saída para os desafios de financiamento. Em 1862, é criada a primeira cooperativa financeira de crédito agrícola, resultado da atuação de outro pioneiro do setor, Friedrich Raiffeisen. No final da década de 1880, a profusão de cooperativas de crédito é tão grande que o parlamento alemão se vê obrigado a regulamentar o setor.

As ideias de Owen, Schulze-Delitzsch e Raiffeisen inspiram a elaboração dos sete princípios do cooperativismo financeiro, um conjunto de concepções que balizam o segmento atualmente:

1. Adesão livre e voluntária;
2. Gestão democrática: 1 homem, 1 voto;
3. Participação econômica dos sócios: os participantes contribuem equitativamente para o capital de suas cooperativas (não é filantropia nem empresa pública);
4. Autonomia e independência;
5. Educação, formação e informação: as cooperativas participam ativamente de processos de formação e educação dos sócios;
6. Intercooperação: as cooperativas trabalham melhor em conjunto;
7. Interesse pela comunidade.

"São princípios de humanização", afirma Almada. Na prática, as cooperativas funcionam como bancos normais. Têm agências, porta giratória, caixa eletrônico, cartão de débito e crédito etc. A diferença está no modelo societário (os associados são, ao mesmo tempo, clientes e cotistas) e na hierarquia dos *stakeholders*. Em uma instituição financeira tradicional, os acionistas estão no topo da pirâmide. "Nosso resultado sobre patrimônio líquido é igual ao resultado de um banco tradicional. No entanto, o banco vai dividir esse resultado proporcionalmente à quantidade de ações que a pessoa detém. Nós o devolvemos conforme a movimentação que a pessoa fez", explica o CEO. Ou seja, no topo, estão os associados que também são clientes e cotistas. O valor que cabe a cada um nessa sociedade é proporcional a quanto ele produz, e não a quanto capital ele aportou.

Cada cooperativa tem seu próprio conselho de administração. Os membros são escolhidos de quatro em quatro anos pelos cooperados. Esse conselho é responsável por nomear a diretoria, que deve ser composta por profissionais da área. As cooperativas estão organizadas em um sistema federativo. "Funciona de maneira parecida com o arranjo federativo dos Estados Unidos, no qual os Estados, ou as cooperativas, têm determinado poder para legislar", explica Almada. O Bancoob, no caso, faz o papel, ao mesmo tempo, de banco central e governo federal. É ele que desenvolve, por exemplo, os produtos que serão disponibilizados pelas cooperativas, além de garantir a solvência financeira delas. No centro de todo esse sistema, estão pessoas que querem produzir e contribuir para a sociedade.

Almada dá enorme importância à história do sistema cooperativista, a ponto de passar a primeira hora da conversa, que deveria versar sobre as qualidades do Bancoob, apenas explicando a origem dos conceitos e princípios da instituição. Olhar para a evolução do modelo é uma forma de compreender o papel e a importância desse tipo de banco na economia. No sistema financeiro, é muito fácil se perder em números e esquecer que, por trás de cada dólar depositado em uma instituição financeira, há o trabalho suado de uma pessoa. Isso vale para as cooperativas, mas vale também para os grandes bancos de varejo e de investimento. Se os princípios da humanização fossem praticados pelos "bancões" americanos, talvez não tivéssemos vivenciado a crise do *subprime* e o consequente colapso financeiro de 2008. Por outro lado, bancos precisam dar resultado, o que envolve assumir riscos ao fazer uso do dinheiro alheio. O modelo cooperativista, em que o lucro advém da movimentação de pessoas, e não de capital, favorece o equilíbrio entre esses dois pontos.

Há um aspecto social no sistema financeiro. O impacto da bancarização na autoestima das pessoas é enorme. Almada se emociona ao lembrar de algumas cooperativas que ajudou a criar, como a dos garis e coveiros da cidade de São Paulo. "As pessoas ficavam tão orgulhosas de receber um talão de cheques que andavam com ele saindo para fora do bolso, para exibir, mesmo que não utilizassem nenhuma folha. A partir do momento em que abriam uma conta bancária, eles passavam a se enxergar como parte da sociedade, não como excluídos. Cidadãos plenos e produtivos."

No Brasil, o cooperativismo financeiro segue o modelo alemão. A primeira iniciativa do tipo surge no Rio Grande do Sul, capitaneada pelo jesuíta suíço Theodor Amstad. Em 1902, ele incentiva um grupo de famílias de imigrantes europeus que estava em situação crítica, devido às más condições financeiras, a criar a Caixa de Economia e Empréstimos Amstad, primeira cooperativa de crédito da América Latina. Hoje, ela é conhecida como Sicredi Pioneira e faz parte do sistema Bancoob.

Os desafios da administração

Não faz sentido atuar em um setor da economia criado e desenvolvido a partir da ideia de comunidade, qualidade essencialmente humana, e não ser uma Empresa Humanizada? Definitivamente, não. Para Almada, não é razoável que alguém não humanizado queira humanizar uma relação comercial ou de trabalho. Se as trocas que geram negócios e movimentam a economia são feitas por pessoas, as empresas devem atuar como pessoas. O desafio é geral e diz respeito à própria ciência da administração de empresas, que precisa avançar sobre assuntos até então ignorados.

"Há um aspecto do pensamento científico sobre a administração de empresas que o século XX pôs à prova e o século XXI terá de corrigir: a situação irônica em que o saber não gera sabedoria e a informação não gera conhecimento. Quando iniciamos o processo de criação de métricas para a administração, o enfoque estava no desenho das informações gerenciais com o objetivo principal de maximizar o retorno ao acionista. Daí por diante, concentramos a atenção para um único elemento de sustentação da empresa. A ironia está no fato de que, quanto mais desenvolvíamos sobre esse elemento, menos sábios ficávamos nas relações com o meio ambiente, com os funcionários, com os fornecedores e com o governo. Por consequência, a informação não gerou conhecimento sobre o todo e sobre as externalidades que a administração poderia gerar. No século XX, período de maior desenvolvimento da administração de empresas, embora tenha sido riquíssimo, o saber não gerou sabedoria, necessariamente, porque a sabedoria passa por pensar nas consequências, e a informação não gerou conhecimento pleno. Neste momento, temos condições de analisar a história desse arranjo econômico que convencionamos chamar de capitalismo. Já vimos o que dá certo e o que dá errado. O planeta começa a esgotar seus recursos naturais, a sociedade já não aceita qualquer tipo de prática nas relações laborais, e nós vamos ter de recuperar o tempo perdido por essa fase em que o saber não gerou sabedoria e a informação não gerou conhecimento", define Almada.

A crise de 2008 é um exemplo desse descompasso. Em poucas palavras, o problema foi criado pelo distanciamento entre o tomador e o concedente de crédito. O banco emitia um título, mas ficava de posse dele por poucos dias, antes de repassar a um terceiro que, da mesma forma, o repassava a outro e assim por diante. Com isso, a análise de risco passou a ser feita sobre curtos períodos, embora os títulos estivessem relacionados a dívidas de longo prazo. Como resultado, obteve-se um sistema incapaz de considerar o todo, concentrado apenas em ações pontuais. O importante, nesse caso, é compreender que os produtos financeiros que ocasionaram a crise de 2008 foram desenvolvidos por pessoas brilhantes. "Esses produtos eram tão bem desenhados que tiveram uma aceitação massiva. Faltou alguém ponderar sobre as consequências desse movimento", afirma.

Na visão de Almada, a história do capitalismo é a história de ciclos econômicos que terminam com uma bolha estourando. A crise do *subprime* não foi a primeira nem será a última. A ciência da administração de empresas será fundamental para enfrentarmos os desafios futuros. Nesse sentido, chegamos a um ponto de inflexão. Por um lado, há muito conhecimento sobre como ganhar dinheiro e maximizar os ganhos para o acionista. Por outro, não sabemos como fazer isso sem gerar consequências adversas. Esse é o dilema do capitalismo. "Não consigo enxergar outro arranjo econômico e social que possa superar os benefícios do capitalismo. Mas não acho que o capitalismo nos satisfaça plenamente. Temos duas opções: ou pegamos tudo o que sabemos e jogamos fora, sem saber com exatidão o que virá, ou nos esforçamos para corrigir o que está errado. Como administrador, eu adoto a postura de sempre buscar melhorar o que já temos. Por essa razão, acredito no Capitalismo Consciente", conclui Almada.

CIÊNCIA DA ADMINISTRAÇÃO HUMANIZADA 73

ENTREVISTA COM
MARCO AURÉLIO ALMADA
Presidente do Bancoob

Assista a dois minutos dessa entrevista exclusiva através do QR Code ao lado ou acesse:

www.humanizadas.com

"Empreender é construir relações.
O quão bem você as constrói,
melhor elas construirão
seu negócio."

- Brad Sugars

11
O PODER DO AMOR

"Eu acredito que a única coisa que constrói é o amor. Ele traz a prosperidade. O ódio, por outro lado, traz a desgraça e tudo aquilo que mancha nossa caminhada por esse planeta." Miguel Krigsner faz essa afirmação logo após descrever como sua família veio parar no Brasil ao fugir do Holocausto. Sua mãe e seu pai perderam quase todos os parentes na Polônia e na Alemanha, vítimas dos nazistas. Inicialmente, desembarcaram na Bolívia, país que facilitava o visto a estrangeiros em busca de escapar dos horrores da guerra. A jornada de sua família até Curitiba, onde Miguel iniciou sua caminhada como empreendedor, é de dor, sofrimento e injustiça, sentimentos que o afetam até os dias de hoje.

Da experiência familiar, Miguel extrai a coragem de levar o amor para tudo que faz, inclusive para dentro de sua empresa. "Quando penso nessa parte da história da minha família, eu percebo que as coisas têm de mudar", diz ele. Miguel é sucinto. Para ele, não se combate o ódio com mais ódio. Nada que é infame, ou raivoso, pode gerar algo positivo para a sociedade. Por esse motivo, o capitalismo selvagem, aquele que coloca um preço em tudo, que mede o sucesso pelo tamanho da casa ou do carro e que torna as pessoas individualistas simplesmente não funciona. Quando se tem a coragem de colocar o amor no centro de tudo, percebe-se que o caminho para uma vida próspera e bem-sucedida é encontrar um sentido nessa caminhada. Miguel nunca quis passar pela vida "como uma alface", isto é, sem fazer alguma diferença. Ele precisava de um propósito.

A criação do Grupo Boticário é a história de uma jornada em busca do amor. Não do amor romântico, entre duas pessoas, mas de um sentimento de cuidado e parceria. Miguel se apropriou desse sentimento para criar sua marca, uma das mais fortes do país, e apelou para ele nos momentos difíceis, como quando quase quebrou devido a uma crise financeira. O amor, da mesma forma, levou-o a retribuir parte do que conquistou à sociedade, ao criar o principal instituto de defesa das florestas brasileiras. Esse foco colocou O Boticário na vanguarda de um movimento que, atualmente, embasa praticamente todas as ações das maiores empresas de cosméticos do mundo: a ressignificação da beleza.

O Boticário surgiu em 1976, na Saldanha Marinho, uma das mais antigas ruas de Curitiba. Não se tratava da melhor localidade para uma farmácia de manipulação, no entanto, era o que Miguel poderia pagar na época. Se fosse nos dias de hoje, aquele pequeno empreendimento seria considerado uma *startup*. A ideia era explorar um nicho com pouca presença das grandes farmacêuticas, o de cremes e pomadas para dermatologia. Havia uma tendência nesse segmento da medicina de se receitar produtos mais específicos, o mesmo acontecia na pediatria, e Miguel percebeu o movimento. Mas ele também percebeu que a demanda, embora existisse, não seria suficiente para manter o negócio de pé. O volume de receituários entregues à pequena farmácia não garantia nem o pagamento do aluguel.

Após reunir certa *expertise* na manipulação de cosméticos, Miguel ampliou a operação. Além dos receituários médicos, ele decidiu oferecer produtos cosméticos "de prateleira". O diferencial estaria na qualidade. "Pensei em buscar o reconhecimento do consumidor pela alta qualidade. Achei que daria certo", afirma. Ele estava certo. O boca a boca logo garantiria uma clientela fiel. Os cremes embelezadores e rejuvenescedores eram vendidos na própria farmácia, que atraía consumidores de todas as partes de Curitiba. "A partir dessa ideia, a evolução foi muito rápida. Em 1980, estava claro o caminho a ser percorrido", diz Miguel.

Nessa mesma época, começava a surgir na Europa um movimento questionador a respeito da nossa relação com a natureza. Eram os primeiros passos da ecologia, que culminou no ambientalismo de hoje. Miguel foi influenciado por um grupo pioneiro de ambientalistas, liderados pelo agrônomo e filósofo José Lutzenberger, que, em 1970, deixou a Basf, onde trabalhava como executivo há mais de uma década, para se dedicar à proteção do meio ambiente. Ele não concordava com diversas práticas adotadas na agricultura brasileira, em especial ao que se refere a uso de agrotóxicos. Fundou, no Rio Grande do Sul, a AGAPAN (Associação Gaúcha de Proteção Ambiental), a primeira entidade ambientalista do país. Sua posição crítica e amplamente embasada pela ciência trouxe credibilidade internacional. Lutzenberger recebeu diversos prêmios, entre eles o Right Livelihood Award, conhecido como Nobel alternativo. Na década de 1990, ocupou o cargo de Secretário Especial do Meio Ambiente, no governo Collor, e coordenou parte dos esforços para realizar a Eco 92.

Ao mesmo tempo, Miguel conheceu o trabalho da bióloga Rachel Louise Carson, autora do livro *Silent Spring* (*Primavera Silenciosa*). A obra é considerada um marco na história do ambientalismo. Ela levanta a questão dos efeitos nocivos dos pesticidas à saúde das aves, mostrando como o DDT (diclorodifeniltricloroetano), usado em larga escala no combate a mosquitos no período do pós-guerra, era responsável por reduzir a espessura das cascas dos ovos, provocando elevados índices de mortalidade entre os animais. O químico também estava relacionado a diversos tipos de cânceres em humanos, especialmente ao câncer de mama. Rachel mostra, no livro, como a indústria química se utilizava de campanhas de desinformação para manter o produto no mercado. A substância acabou banida da maioria dos países nos anos 1970.

A proteção ao meio ambiente se encaixava nos valores de Miguel. "Eu buscava entender onde poderia colocar esse pensamento novo que estava surgindo. Mantive no radar e pensei que, quando tivesse uma empresa maior, seria uma bandeira importante para defender", afirma. Ele recorda que, para o brasileiro, que vivia rodeado de verde por todos os lados, pensar em proteger as florestas e as matas não fazia muito sentido, naquele momento. Entretanto, para ele, fazia. Miguel foi pioneiro na introdução do conceito de "natural" na indústria de cosméticos, em contraposição à ênfase no poder dos produtos químicos adotada pela maioria das multinacionais do setor. Foi um posicionamento que o mercado levaria décadas para compreender e perceber o quanto os consumidores valorizam. Hoje, é praticamente um padrão na indústria.

Em 1989, a queda do Muro de Berlim e o fim da União Soviética ofereceram uma oportunidade ao empresário. Ele localizou, no lado oriental da

Alemanha, uma pequena fábrica de vidros. O material, na época, era difícil de ser encontrado no Brasil, especialmente os coloridos. Em dificuldades, a fábrica queria se livrar de um estoque de ânforas verdes. Miguel arrematou o lote e os vidros verdes se tornaram um diferencial d'O Boticário. No caminho entre Nuremberg, onde estava hospedado, até a pequena cidade na qual se localizava o fornecedor, o empresário notou a beleza das vastas florestas da região. Reparou, também, na falta de pássaros. "Achei estranho, todo aquele verde e nenhum pássaro. Questionei os moradores. O que me responderam é que se tratava de uma floresta plantada, recuperada do desmatamento. Os pássaros foram embora e não retornaram", diz ele. "A floresta estava ali, mas sem alma."

Naquele momento, O Boticário já era uma rede robusta, com mais de 500 lojas. Miguel decidiu que era hora de tomar medidas efetivas. Assim surgiu a Fundação Grupo Boticário, uma das primeiras entidades privadas de defesa da natureza. Sua ideia era trabalhar com pesquisadores no desenvolvimento de soluções ambientais. O empresário percebeu que a destruição do meio ambiente é um caminho sem volta. Derrubar uma floresta é interferir em um sistema complexo, ao qual se conectam inúmeras vidas e realidades. Ele também percebeu que conhecemos muito pouco desse sistema. Daí a necessidade de se financiar a ciência. Naquele momento, O Boticário já era uma rede robusta, com mais de 500 lojas. Miguel decidiu que era hora de tomar medidas efetivas. Assim surgiu a Fundação Grupo Boticário, uma das primeiras entidades privadas de defesa da natureza. "Muitas pesquisas ficavam paradas, pela burocracia, ou pela falta de dinheiro", diz o empresário. A solução encontrada foi destinar, obrigatoriamente, 1% da receita da companhia para a fundação. Dessa forma, os recursos não estariam atrelados ao desempenho financeiro d'O Boticário.

A Fundação Boticário tem como lema a defesa da beleza natural do Brasil. É dessa forma que se estabelece a relação entre a entidade filantrópica e a empresa. O Boticário é uma empresa de beleza, tanto estética, quanto emocional — o que ela vende são instrumentos para as pessoas se sentirem melhor e mais bonitas. Embelezar também é empoderar. O Boticário quer que as pessoas se realizem. Contudo, para vender beleza, é preciso ser bonito por dentro. Uma empresa que maltrata os funcionários, o meio ambiente, ou os fornecedores, não é capaz de adotar esse posicionamento. Miguel acredita que os consumidores percebem esse esforço de embelezamento interior. Além disso, esse empenho traz credibilidade junto aos parceiros, algo que o ajudou em seu momento de maior dificuldade.

No final dos anos 1990, as vendas d'O Boticário despencaram 70%. O Brasil passava por mais uma crise. A situação ficou tão ruim que ele teve dificuldade para honrar alguns pagamentos a fornecedores. No momento mais crítico, a companhia corria o risco de parar por falta de matéria-prima. Seria um desastre. Sem produzir, não haveria como recuperar o fôlego. O empresário reuniu os principais fornecedores d'O Boticário em um hotel em São Paulo. Disse, abertamente, que estava em dificuldades, que não teria dinheiro para pagá-los e que precisava de um voto de confiança. Pediu para que não parassem de fornecer. Não houve sequer negociação. Todos concordaram em manter o fornecimento, pelo tempo que fosse necessário. Confiaram nele, que retribuiu. A empresa se recuperou e cresceu. Para o empresário, essa é a consequência de trazer o amor para dentro das empresas.

O Boticário nunca apertou os fornecedores. A busca é por uma negociação justa. As empresas fazem parte da sociedade e são instrumentos para geração de riquezas, que realizam sonhos. Mas não apenas os sonhos do dono. Diretamente, 12 mil pessoas trabalham na companhia. Com os indiretos, esse número sobe para 35 mil. Miguel quer que todos se realizem. "Só pensar em dinheiro é a coisa mais pobre que existe", afirma. Temos o dever de encontrar maneiras de a sociedade inteira se beneficiar da empresa." Ele faz uma crítica ao modelo de desenvolvimento brasileiro. Em sua visão, sistemas protecionistas não funcionam. Um exemplo disso é a proteção ao setor de informática, que vigorou durante todo o governo militar. "Quantos anos de desenvolvimento não perdemos por conta disso?", pergunta. Ele também questiona o paternalismo excessivo da legislação trabalhista, que acaba criando desincentivos para o desenvolvimento das pessoas.

Ao mesmo tempo em que ostenta essa visão liberal, Miguel critica os empresários que não assumem suas responsabilidades em relação ao desenvolvimento do país. Sua implicância é com a ideia de que pagar imposto seja uma contribuição suficiente. Não é. Todo empresário assume, tacitamente, um compromisso com a sociedade que vai além de suas obrigações tributárias. Empresas são instrumentos de geração de riquezas cujos proveitos não devem se restringir a um único indivíduo. Pergunto como ele lida com o fato de ser um homem rico em uma sociedade desigual. "Não vejo problema em ter riqueza, claro, fruto de um trabalho honesto. Quanto mais riqueza, mais pessoas se beneficiam. Porém é preciso ter o bom senso de utilizar a riqueza para construir, não para estragar."

Para O Boticário, uma das maiores franqueadoras do país, essa é uma questão estratégica. Uma das preocupações é com a sucessão dos franqueados. A empresa precisa fazer com que a cultura de compartilhar a riqueza passe de geração para geração, sob o risco de ver a relação de confiança que construiu ao longo de todos esses anos se esvair em cada transição de comando — o que destruiria, também, a credibilidade da companhia junto aos clientes. Miguel se orgulha de ter franqueados longevos, alguns caminhando para a terceira geração. Para manter essa máquina em funcionamento, O Boticário investe no treinamento dos herdeiros, que contam com uma escola de negócios própria, na qual aprendem não só sobre a gestão de uma loja de cosméticos, mas também sobre a cultura e o propósito da companhia.

Esse relacionamento de longo prazo com os parceiros é mais um efeito do amor dentro da empresa. Miguel valoriza o cuidado, a relação de pai para filho, em todas as questões relacionadas ao negócio. O ódio e a violência, presentes na história da família Krigsner, dão lugar a um desejo de fazer a diferença. Dessa motivação surge o empreendedorismo e a curiosidade de entender a essência da beleza. Construir algo vazio de significado é como estar diante de uma floresta sem pássaros, por isso a necessidade de proteger o que a natureza nos proporciona. Cuidar para que a geração de riqueza beneficie a todos os envolvidos.

Hoje, O Boticário se encontra em uma posição privilegiada. O mercado da beleza deu uma guinada em direção a uma atuação mais responsável. Ao abraçar a defesa do meio ambiente como uma bandeira desde o início, Miguel adotou um posicionamento vanguardista, que hoje se encontra no *mainstream* da indústria. Enquanto a maioria das marcas envelheceu, O Boticário se fortaleceu. O avanço das pautas feministas, especialmente nos países desenvolvidos, também fez nascer um novo tipo de consumidor, mais consciente de seus poderes e exigente com a procedência dos produtos que consome. Os padrões de beleza mudaram. Aliás, o padrão, hoje, é não ter padrão. A beleza está em todas as formas. O importante é estar em paz com seu corpo. Essa libertação feminina traz um desafio para as marcas, que buscam se desvencilhar da ditadura da beleza estética em favor de um posicionamento alinhado com a beleza interna. O Boticário tem isso enraizado desde sua fundação, graças ao amor.

No entanto, se, por um lado, essa condição coloca O Boticário em vantagem competitiva, inclusive com potencial de globalizar sua marca, por outro, Miguel prefere manter os pés no chão. Não por falta de ambição ou conservadorismo, mas, sim, por senso de responsabilidade. Ele acredita em que ainda há muito o que fazer no Brasil. Ao mesmo tempo, não quer arriscar perder o controle sobre a essência da empresa que criou ao, por exemplo, dar um passo muito largo. Miguel prefere não ser escravo do próprio negócio, condenado a perseguir o crescimento ano após ano, crise após crise, mercado após mercado. Talvez, por isso, tenha preferido manter sua empresa de capital fechado.

A situação política atual o preocupa. Vivemos uma verdadeira carnificina de desinformações. É difícil saber o que é verdade e o que é mentira. É um momento delicado, que exige reverter uma série de situações, sob o risco de perdermos, novamente, o trem do desenvolvimento. "Vejo muitos jovens saindo do país. Nossa energia indo embora", afirma. Para ele, este devia ser um momento de união nacional. Mas as boas intenções acabam afogadas na falta de diálogo e no discurso raivoso. Precisamos de mais amor, nos negócios e na política.

ENTREVISTA COM
MIGUEL KRIGSNER
Fundador da Rede O Boticário

Assista a dois minutos dessa entrevista exclusiva através do QR Code ao lado ou acesse:

www.humanizadas.com

"Nenhum homem é uma Ilha, um ser inteiro em si mesmo; todo homem é uma partícula do continente, uma parte da terra. Se um pequeno torrão carregado pelo mar deixa menor a Europa, como se todo um promontório fosse, ou a herdade de um amigo seu, ou até mesmo sua própria, também a morte de um único homem me diminui, porque eu pertenço à Humanidade. Portanto, nunca procures saber por quem os sinos dobram. Eles dobram por ti."

- John Donne

12 O ATIVO MAIS IMPORTANTE

João Paulo Ferreira, presidente da Natura, tinha pouco tempo para conversar. Havia certa agitação na empresa, naquele dia. Eu sabia o motivo. A icônica fabricante de cosméticos brasileira negociava a compra da americana Avon. O negócio seria concluído em algumas semanas. Juntas, Natura e Avon formam um grupo avaliado em 11 bilhões de dólares, com receita superior a 10 bilhões de dólares, 6,3 milhões de representantes e consultoras, 3.200 lojas, 40 mil colaboradores e presença em mais de uma centena de países. Um colosso empresarial que, atualmente, é a quarta maior empresa de beleza do mundo. Sob qualquer critério, é um caso de sucesso no mundo capitalista.

A compra da Avon aconteceu no ano em que a fabricante de cosméticos completou 50 anos. Chegar a meio século de existência é um marco para qualquer companhia e um sonho de todo empreendedor. Obter essa façanha em um patamar de liderança mundial é uma perspectiva de poucos. Luiz Seabra, que fundou a companhia em 1969, certamente não fez essa previsão. Entretanto, aconteceu e, hoje, a Natura é uma das mais importantes fabricantes de cosméticos do mundo. Não por acaso, Ferreira se mostrava ansioso naqueles dias que antecederam a compra da Avon. "Quanto tempo vai levar a entrevista?", perguntou o executivo. "Uma meia hora", respondeu seu assessor. "Tudo isso!", replicou. Ele falou bem mais do que trinta minutos.

A sede da Natura em São Paulo, localizada na chegada da Rodovia Anhanguera, que liga a capital ao oeste do Estado, é uma ode à relação da empresa com a natureza. A arquitetura e o paisagismo do amplo espaço transmitem a sensação de se estar fora da cidade, em meio à vegetação, embora o poluído Rio Tietê, com suas marginais repletas de caminhões e automóveis apressados, esteja a metros de distância. O prédio se integra ao ambiente, quase escondido em meio ao verde. Todo o conjunto é de uma suntuosidade pouco agressiva. Percebe-se que ali está instalada uma grande empresa. Porém o visitante se sente acolhido, mesmo quando é obrigado a assistir em um tablet, de pé, a um vídeo demonstrativo das regras de segurança. Quem visita a companhia também pode se deparar com momentos singelos, como um carrinho de bebês passeando pelos corredores. São filhos de funcionários que frequentam a creche disponibilizada pela Natura.

São poucas as empresas grandes o suficiente para construir uma sede que espelhe sua maneira de atuar. A maioria não se preocupa com isso, na verdade. Conforto e localização são os quesitos mais importantes, precedidos do valor do aluguel. Do ponto de vista financeiro, um prédio é considerado um ativo pouco estratégico. É difícil justificar o investimento em um imóvel se não for resultar em redução de custos — o que talvez seja o caso da Natura, afinal sua sede está localizada em um local pouco valorizado de São Paulo. Mas, para quem visita o edifício, fica claro que a intenção ali é se comunicar por meio da arquitetura e criar um ambiente capaz de fomentar o bem-estar. Ter sua personalidade refletida em seu endereço é um privilégio de companhias mais engajadas em passar uma mensagem ao mercado.

É impossível não perceber a importância que a Natura dá a esse ativo intangível que é sua imagem. Tudo que está relacionado à empresa reflete seu posicionamento. Segundo Ferreira, a força da companhia está na capacidade de agregar pessoas que tenham afinidade com os valores da marca. Não é algo trivial. A Natura foi criada a partir de uma ideia, uma intuição de Luiz Seabra, que se materializou em um negócio. O crescimento da empresa foi fundamentado na prerrogativa de que o plano inicial era o correto. Esse processo fez surgir em torno da marca uma rede de afetos, que hoje se configura como seu maior ativo.

Seabra não esconde a espiritualidade de sua veia empreendedora. Ele diz que a primeira ideia de criar uma empresa de cosméticos foi aos 12 anos, quando a irmã, recém-casada, descreveu seus planos de abrir uma clínica de limpeza de pele em sua casa. Ao ouvir como ela pretendia aplicar compressas nos olhos das clientes para prevenir rugas, o futuro empresário sem saber por que, sentiu um arrepio. Anos depois, essa mesma intuição o fez deixar um bom emprego na Remington Rand, que na época fabricava barbeadores elétricos, para se arriscar como sócio de uma pequena indústria de cosméticos. Vendeu seu fusca 67, novinho, para comprar 30% da empresa e igualar a sociedade, criando, enfim, a Natura. Como uma mão invisível, a intuição o guiava por um caminho calcado na ética e na promoção do cuidado. Seu papel se resumia a traduzir esses sentimentos em ações e produtos, o que o levou a construir um número cada vez maior de relacionamentos.

Não havia espaço no varejo para os produtos que a Natura se dispunha a comercializar. Vender diretamente para o consumidor era o único caminho possível. No dia em que abriu a primeira loja, na Rua Oscar Freire, em São Paulo, Seabra distribuiu rosas brancas para cada um que passava. Junto, havia um bilhete. "Nós pensamos em você" era a primeira frase do texto. Assim, com o pensamento nas pessoas, inaugurou-se a trajetória de uma multinacional legitimamente brasileira. Mas a venda dos cremes da Natura exigia bem mais do que uma vitrine e um vendedor atencioso. Havia a necessidade de explicar para as clientes o conceito, fazê-las enxergar o potencial de se sentir belas, de estarem bem consigo mesmas. Seabra percebeu que deveria fazer uma venda consultiva. Ele foi o primeiro consultor da Natura.

A dificuldade estava em encontrar as palavras certas. Como homem e impregnado de preconceitos, Seabra tinha dificuldade em estabelecer uma conexão. Foi então que ele pensou que precisava ouvir suas clientes e, para ouvir, é preciso calar. Seabra compreendeu, atuando como o primeiro consultor da Natura, a força do silêncio interno e a importância da qualidade da escuta. Ao escutar o que as clientes tinham para dizer, esforçando-se para ignorar todos os seus preconceitos e padrões de pensamento, ele conseguia encontrar as palavras. A partir desse momento, ficou claro para ele que a Natura não precisava do varejo ou de mais lojas. Tudo do que necessitava era prestar atenção nos outros e conectar-se com as clientes — desenvolver relações duradouras, praticar a sinceridade e fomentar o cuidado. Esse processo, repetido à exaustão, criaria uma rede capaz de espalhar os valores e conceitos da empresa para multidões. Dessa conclusão, surgiu a ideia de adotar a venda direta.

O atual CEO da Natura, João Paulo Ferreira, faz questão de destacar esse início da companhia. Ele fala como se a atual empresa, o quarto maior grupo de beleza do mundo, fosse a mesma da década de 1970. A estrutura organizacional não é a mesma. No entanto, a essência, o modo de enxergar o mundo e a ideia inicial persistem, mesmo quando são agregadas novas marcas. Dessa filosofia surgem produtos e ações. Nos anos 80, a Natura foi pioneira em vender produtos no modelo de refil. Nos anos 90, abraçou a proteção ao meio ambiente e a valorização da biodiversidade. Permeando seu desenvolvimento, sempre esteve a preocupação com o progresso social das consultoras.

A compra da Avon, diz Ferreira, é uma oportunidade para dar alcance global aos valores da empresa. Trata-se de algo estratégico em um momento em que o mundo passa por transformações profundas. "Levamos 50 anos para chegar até aqui. Não podemos demorar mais 50 para dar o próximo salto", afirma o executivo. A empresa está muito bem posicionada. Na última década, o conceito de sustentabilidade e a ressignificação da beleza alinharam as expectativas do mercado com o posicionamento da Natura. A Avon, por outro lado, sofria para mudar sua imagem, ainda muito atrelada às propriedades químicas e miraculosas dos cosméticos.

É interessante notar como que o fundador da Natura previu essa mudança há quase meio século. Ele percebeu que a indústria estava ancorada em uma ideia mentirosa quando deparou com um produto chamado "Eterna 27". Obviamente, uma promessa impossível de se cumprir. Os cosméticos e a perfumaria, segundo o fundador da Natura, não surgiram com esse conceito de interromper o envelhecimento, mas como uma forma de se conectar com a sua espiritualidade. Os egípcios, precursores no uso de cremes e pós para o corpo, consideravam a prática como uma forma de cultivar a divindade. Os incensos e os perfumes, da mesma forma, ofereciam uma ligação com os deuses, ou seja, os cosméticos sempre estiveram mais relacionados com a beleza interior do que com a beleza exterior. Embora a tecnologia atual garanta resultados espetaculares no cuidado com a pele, o desejo de se cuidar é mais espiritual do que material.

Neste momento de crescimento exponencial, o que a Natura quer é reforçar o diálogo. Afinal, seu negócio, segundo Ferreira, está baseado no "contato harmônico do indivíduo consigo mesmo, a partir do qual nascem as relações construtivas e simbióticas com o outro". A empresa ganha dinheiro porque faz as pessoas se sentirem bem e, consequentemente, encoraja-as a se relacionarem positivamente com o mundo.

O propósito da Natura é cuidar de si, dos outros e do planeta. "Seabra compreendeu a natureza holística e interconectada do universo e manifestou isso por meio de uma proposta de negócios", diz o CEO. A Natura persegue um sistema produtivo regenerativo, inspirado nos ciclos da natureza. "À medida que o mundo ficou mais polarizado, essa proposta ganhou cada vez mais força. A vida é um encadeamento de relações. As empresas, no entanto, não se relacionam. Quem se relacionam são as pessoas. Se extrair as pessoas, o que resta? Coisas. A ideia de que uma empresa é apenas um balanço é uma abstração muito grosseria. Ao celebrar nossos 50 anos, olhamos para trás para examinar o que nos trouxe até aqui. Exercitando a síntese, concluímos que a maior criação da natura foi a rede de afeto, da qual somos parte. Refiro-me aos colaboradores, consumidores, fornecedores e todos que passaram e que passam por esse ecossistema. É dessa rede que nascem as inovações, as ideias, que nada mais são do que abstrações ao redor de relações entre pessoas e que se materializam em marcas, produtos, ações, embalagens etc. De tudo o que faz parte do dia a dia da empresa, a única coisa verdadeira é a rede de afeto", explica Ferreira.

A dificuldade é medir o valor desse ativo intangível. Como monetizar o valor da marca, a lealdade dos consumidores, a relação com os fornecedores e com a sociedade? Para Ferreira, esses ativos têm um valor infinitamente superior aos ativos tangíveis. São feitas tentativas de se atribuir esses valores por meio dos relatórios socioambientais, por exemplo. Mas isso é uma obrigação da companhia. "Recebemos uma licença da sociedade para operar, então nada mais justo do que mostrar para ela o custo que geramos", diz o executivo.

O que realmente funciona é incorporar essas crenças na gestão da empresa. Na Natura, todo produto deve estar alinhado com as crenças. As inovações precisam ser coerentes também. "Vai desenhar um batom novo, tem de ser bonito, ter cor, textura etc. No entanto, também precisa se comunicar bem e fazer o cálculo de emissões de carbono. Se não cumprir todos os requisitos, não lançamos", diz Ferreira. A empresa vende por meio de sua rede de consultoras. Para se certificar de que há um impacto positivo na vida dessas pessoas, é medido o Índice de Desenvolvimento Humano (IDH) da rede. Se não subir, é porque está na hora de mudar o modelo de comercialização. A proposta de valor para as consultoras é calcada na prosperidade. Não são poucas as que acessam a rede da Natura para lidar com problemas sociais. A única maneira de criar harmonia em uma rede tão diversificada e sem intermediação é basear a atuação no cuidado.

Ao mesmo tempo, o negócio se moderniza. A internet representou um desafio e uma ruptura para muitas empresas. Para a Natura, significou uma amplificação de seu modo de agir. As ferramentas digitais mudaram a intensidade da conexão entre as pessoas. Apesar de acreditar no toque, no olho no olho, a empresa teve de adaptar seu processo de trabalho. A Revolução Digital promoveu o surgimento de marcas identitárias e genuínas, antes limitadas a nichos, que ganharam espaço justamente por não renunciarem sua personalidade. Ideias genuínas e íntegras passaram a ter acesso ao mercado global, sem intermediários. As pessoas querem comprar produtos que façam sentido, que transmitam uma mensagem autêntica. Algo que a Natura iniciou há meio século.

Entretanto, o mundo não vai esperar a Natura se posicionar. O desafio que se impõe é atuar de forma global. É preciso conquistar a Ásia, um mercado complexo e pouco conhecido. Nessa nova jornada, a certeza é que cultivar o ativo mais importante da empresa será a estratégia principal. A Natura cresceu a partir do Brasil confiando em sua rede de afeto e parte para a conquista do mundo da mesma forma. "Esperamos poder influenciar a consciência e o comportamento de todo mundo. Todas as marcas que vierem a compor a Natura terão de cumprir esse papel. Se não estiverem preparadas, serão preparadas", afirma Ferreira. No século passado, a decisão de aquisição de uma empresa se pautava em lacunas de desempenho que poderiam ser preenchidas com novos processos e ferramentas de gestão. Hoje, ela é pautada em lacunas de cultura, liderança e consciência sobre o propósito e a essência do negócio em si.

ENTREVISTA COM
JOÃO PAULO FERREIRA
CEO da Natura

Assista a dois minutos dessa entrevista exclusiva através do QR Code ao lado ou acesse:

www.humanizadas.com.

"Liderar é sobre criar condições para continuamente ampliar a consciência humana sobre a realidade e sobre como contribuir com o desenvolvimento do mundo a seu redor. Ultimamente, liderar tem a ver com a criação de novas realidades."

- Joseph Jaworski

13 O PAPEL DA LIDERANÇA

A ideia de que o capitalismo liberal pode ser um indutor de prosperidade está na própria base desse sistema econômico, manifestada na noção de que o sucesso de um promove o sucesso de outro. O lucro, embora beneficie o indivíduo, é um objetivo a ser perseguido. Se os bem-sucedidos financeiramente, ao movimentarem a economia, "puxam" para cima aqueles que os cercam, chega-se à conclusão de que, quanto maior a lucratividade, melhor. A produção de riqueza, por si só, beneficia a sociedade, mesmo se a divisão dos ganhos for desigual. Em sua essência, o capitalismo também pressupõe a generosidade e a reciprocidade, conceitos que são intrínsecos ao liberalismo econômico. No livro *The Lost History of Liberalism*, Helena Rosenblat resgata a origem do termo "liberal", que remonta aos tempos do Império Romano. O conceito ganhou diversos significados ao longo da história, porém, sempre esteve ligado a alguns fundamentos principais: liberdade, generosidade e reciprocidade. Adam Smith, considerado um dos pais do capitalismo, em sua obra mais famosa, *A Riqueza das Nações*, ao abordar o tema liberalismo, defende o direito inalienável do indivíduo de perseguir seus interesses em um contexto de igualdade, liberdade e justiça. A busca pelo ganho pessoal sempre esteve conectada à ideia de compartilhamento da prosperidade.

Ao mesmo tempo, o capitalismo não é uma entidade independente, com vida própria. Ele é a expressão econômica da sociedade. Não se trata de um sistema pronto, hermético. O capitalismo é uma construção coletiva. Suas regras foram desenvolvidas lentamente, em meio a ciclos de altos e baixos, avanços e retrocessos. O que nunca vamos encontrar é o momento em que ele se materializou em definitivo. É inútil perguntar qual é a verdadeira face do capitalismo, porque o capitalismo tem múltiplas faces. A pergunta certa, que devemos fazer todos os dias, é que tipo de capitalismo nós queremos que exista. Qual é a cara que devemos dar ao sistema, a partir de agora? Essa questão tem de estar presente em todas as nossas escolhas como cidadãos e profissionais, não importa o nível hierárquico. Quem trabalha, seja na iniciativa privada, ou no governo, faz parte do sistema e é, de alguma forma, responsável por ele. Culpar o capitalismo pelas mazelas da sociedade, como se ele fosse uma condição compulsória e imutável, é se colocar na posição imaginária de um espectador dentro do campo de jogo. Há quem prefira se omitir, ou "jogar o jogo", como se diz. É uma ilusão. A construção do capitalismo está nas escolhas diárias. Quando um consumidor opta pela marca A, em detrimento da marca B, participa desse processo. Quando a pessoa decide fazer uma dieta, comer de forma mais saudável, usar um patinete elétrico na Faria Lima, ou viajar para a Tailândia, ela faz escolhas que, indiretamente, moldam nosso sistema. Consumir talvez seja o ato mais capitalista de todos. Por isso, é o que mais provoca mudanças — e todo mundo consome. A participação na construção do capitalismo não é opcional. Cabe a cada indivíduo decidir se será voluntária ou involuntária. A omissão e a indiferença são representações da falta de consciência.

Há níveis diferentes de responsabilidade. Um operário é capaz de influenciar os rumos do capitalismo? Sem dúvida alguma — nosso ex-presidente que o diga. Contudo, para isso, ele precisa de muito tempo e uma capacidade mobilizadora fora da curva. É injusto esperar que isso aconteça de maneira frequente ou natural. Não é uma questão de maior ou menor nível de conhecimento, é uma questão financeira mesmo. Quem tem mais dinheiro, tem mais condições de mobilizar a sociedade e, portanto, tem maior responsabilidade no processo de pensar e criar o capitalismo que queremos. Quem faz parte da elite, seja por nascimento ou por ter conquistado essa posição com o trabalho, tem a obrigação ética de se dispor a pensar o futuro, simplesmente por ter mais recursos.

A responsabilidade da elite vai além das escolhas simples do dia a dia. Como donos da maior parte do capital financeiro e intelectual da sociedade, os empresários, executivos, intelectuais, artistas e políticos têm o dever de se engajar no debate sobre o futuro da sociedade. A omissão, nesse caso, não é apenas a representação da falta de consciência, é uma negligência diante da responsabilidade inerente à posição que ocupa e aos benefícios dela desfrutados. O líder inconsciente ou inconsequente é o maior mal que uma sociedade pode sofrer.

O dilema é que há um grande apelo na ideia do lucro a todo custo. O capitalista selvagem se enxerga como um pioneiro, um desbravador. Ao mesmo tempo, ele justifica seu posicionamento apelando para a ideia da proteção, como se zelasse pelo bem de seus aliados. Mas, ao tomar suas decisões ignorando o contexto, ele coloca em risco todos os seus parceiros. Essa contradição é facilmente verificada nas empresas corruptas. Recentemente, o Brasil assistiu perplexo a uma onda de destruição de reputações promovida pela operação Lava Jato. Empresários e homens de negócio respeitados internacionalmente foram reconhecidos como farsas. Suas histórias fornecem a medida exata dos impactos de um líder inconsciente.

"Você é sempre livre para mudar sua mente e escolher um diferente futuro ou um diferente passado."

- *Richard Bach*

14 HACKERS DE SI MESMOS

Faz calor em São Cristóvão, no centro da capital fluminense. O excesso de concreto torna a região quase inóspita no verão. A presença de antigos galpões comerciais, no entanto, faz do bairro um lugar propício para a instalação de novas empresas. A região se transformou em um polo do mercado de moda, concentrando diversas grifes.

Em um desses galpões, fica a Reserva. A marca de roupas, criada há pouco mais de uma década, conquistou um lugar de destaque no cenário *fashion* brasileiro. Jovem e questionadora, a empresa tem fama de revolucionária. Já foi acusada de ultraje quando decidiu corromper a lógica dos desfiles durante um dos principais eventos do setor no calendário brasileiro. Entretanto, também conquistou uma legião de admiradores, entre clientes, funcionários e fornecedores. Seus fundadores, amigos de infância, preservam a atitude transformadora, presente desde o início do negócio, como o principal traço de personalidade da empresa. Além de crescer, a Reserva quer incomodar.

As contendas do mundo da moda com a Reserva começaram em seu primeiro desfile, no Fashion Rio. Rony Meisler, um dos fundadores da empresa e seu atual CEO, percebeu que os desfiles de moda são direcionados para gente iniciada no mercado *fashion*. As passarelas apresentam tendências que farão parte das próximas coleções. As roupas demonstradas não são feitas para serem vendidas ao público.

Rony tinha experiência suficiente no setor para saber como o sistema funciona, mas não concordava. Para ele, não havia sentido gastar tempo e dinheiro em um evento que poucas pessoas aproveitariam. Então, decidiu pela insubordinação. Ajudou na decisão, é verdade, a falta de tempo para preparar um desfile em alto nível, porém o motivo principal era subverter o sistema.

A Reserva entrou na passarela do Fashion Rio apenas com roupas de mostruário. Para dar um toque inusitado ao show, os modelos carregavam nas costas uma estrutura de metal na qual foram penduradas fantasias de desenhos animados, como Bob Esponja, Flintstones e Homem Aranha, compradas no Saara, um conhecido centro de comércio popular no Rio de Janeiro. Rony questionava a própria essência do mercado da moda. Seu protesto chamava atenção para a futilidade dos desfiles e questionava o processo de criação das varejistas, inteiramente baseado em uma ideia de primazia e poder, o que resulta em um relacionamento desequilibrado entre o público e as marcas.

A repercussão do desfile foi negativa. "Fomos massacrados", define Rony. Mas a intenção era justamente essa. Questionar tudo e todos, inclusive a si mesmos. "Toda lógica do mercado da moda está baseada em uma noção de superioridade. O varejista de vestuário atribui a si mesmo a condição de 'diretor criativo'. Ele quer dizer, com isso, que o *lifestyle* dele é mais legal que o dos outros. Contudo, como ele é bonzinho, permite que o público compre um pedacinho desse estilo, mas só um pouquinho por semestre", afirma Rony, para quem a moda é a expressão da personalidade do indivíduo e não deve ser imposta, especialmente mediante uma falsa narrativa de que a grife, ou o estilista, é dotada de uma competência singular em identificar o que é *fashion* e o que não é.

A Reserva surge a partir da ponderação sobre os critérios que orientam a relação entre as empresas de moda e seus *stakeholders* que surge a Reserva, uma empresa que busca subverter os processos criativo e comercial do setor de vestuário.

Dois amigos em uma academia

O ponto de partida da Reserva se estabelece a partir de uma indagação. Rony e seu amigo de infância Fernando Sigal, o Nandão, estavam em uma academia na Zona Sul do Rio quando repararam em um detalhe intrigante: todos os rapazes usavam a mesma bermuda. Naquele reduto de jovens endinheirados e preocupados com a aparência, não podia ser uma coincidência

— ou a classe média carioca passava por um raro caso de demência coletiva, ou havia uma demanda por produtos diferentes. "Achamos que era demanda. Estávamos certos", afirma Nandão.

A primeira coleção foi criada logo depois. Inicialmente, Rony e Nandão se concentraram no que os americanos chamam de mercado "triple F": *family, friends and fans* (família, amigos e fãs). As peças se esgotaram rapidamente. O sucesso da empreitada incentivou os empreendedores a dar voos mais altos. Com recursos próprios, abriram a primeira loja. Nesse momento, há um novo questionamento. Que tipo de loja seria essa? Como se daria o processo de venda da Reserva? Se a proposta era antagonizar com o excesso de padronização do mercado *fashion*, a marca não podia se limitar a mudar apenas o processo criativo, ela teria de modificar toda lógica comercial do setor.

"Uma coisa que sempre me incomodou é a falta de orgulho dos vendedores de roupa. Parece que as pessoas têm vergonha da profissão. A gente pergunta 'o que você faz?' e o vendedor responde que trabalha com tal marca, ou que é sócio de tal marca, mas raramente fala 'sou vendedor de vestuário'. Isso acontece porque ele não é valorizado. A indústria da moda se coloca acima do consumidor e, ao mesmo tempo, coloca o consumidor acima do vendedor. Esse é o problema", explica Rony.

Para escolher os cinco primeiros colaboradores da Reserva, os dois amigos contaram com o auxílio de uma consultoria de Recursos Humanos. Rony exigiu apenas uma competência dos candidatos. "Queria contratar pessoas com quem eu tivesse vontade de jantar três vezes na semana. Tinha de ser gente interessante. As tecnicidades do negócio são facilmente ensinadas. Personalidade já é mais difícil." Escolhidos os candidatos, surgiu o desafio de treiná-los. A consultoria contratada se ofereceu para o serviço. "O método deles não poderia ser pior. O treinamento acompanhava o padrão do mercado. Não fale isso, não diga aquilo, mãos para trás, não toque no cliente. Era, basicamente, um manual de como não ser você mesmo", conta Rony. A proposta foi recusada.

Sem um modelo para se apoiar, o jeito foi ir para trás do balcão. Na primeira semana de loja, Fábio, um dos vendedores, perguntou a Rony como ele havia escolhido a trilha sonora do recinto. O chefe não tinha um método, apenas reunira algumas músicas de que gostava em um CD. "Queria fazer uma sugestão", disse Fábio. "Por que não tocamos música eletrônica?" Rony não entendia muito desse estilo de música "bate-estaca", como ele descreve, mas concordou e, para verificar se tinha acertado na decisão, passou a observar o comportamento dos clientes. Ele notou que algumas pessoas, quando paravam para folhear as araras, balançavam a cabeça ao som das batidas. Era o momento de agir.

A música passou a ditar o ritmo das vendas. Quando os vendedores percebiam que o cliente entrava no clima, já preparavam a abordagem: "Oi, tudo bem, aceita uma cerveja?" — sim, havia uma geladeira cheia de cervejas na loja. A tática funcionou. Rony e sua equipe continuaram a explorar novas ideias. Um dos vendedores percebeu que a taxa de conversão de vendas era muito maior quando o consumidor utilizava o espelho localizado no centro da loja, em vez de usar o do provador. Cada vez que uma técnica nova funcionava, Rony a anotava em um caderno, tomando o cuidado de incluir a data e o nome de seu idealizador.

Hoje, esse caderno reúne mais de 3.500 verbetes e serve como base para o treinamento dos novos vendedores. O processo de criação de técnicas de venda é contínuo. Toda vez que um profissional desenvolve uma nova "Experiência Reserva", como são denominados os verbetes, ele vai para o caderninho. Mesmo que deixe a empresa, seu nome fica registrado como alguém que contribuiu para o enriquecimento do trabalho e o desenvolvimento da companhia. "Hoje, tem *headhunter* que coloca, entre as competências buscadas, ter incluído algum verbete em nosso caderno", conta Rony, orgulhoso.

Hackers

Estar em constante transformação é a busca da Reserva. Para Nandão, não há nada mais perigoso do que a acomodação. "Quando você deixa de se questionar, não percebe as mudanças — e o mundo está sempre se transformando", afirma. Agora que a empresa chegou a um patamar de liderança, e é grande e respeitada o suficiente para influenciar os rumos do setor, esse processo de autoquestionamento se torna ainda mais importante. "Precisamos atuar como hackers de nosso próprio sistema", diz Nandão.

Quem lê essas palavras sem o conhecer, certamente, surpreender-se-á com sua aparência, caso um dia o encontre. A barba grande e disforme, porém, bem cuidada, o quipá e as vestes tradicionais do judaísmo, como o tsitsi, evidenciam que Nandão é um homem religioso. Ele pratica sua fé com fervor, mantendo vivas algumas das mais antigas tradições da religião, ao mesmo tempo em que fala sobre um mundo em constante transformação e em hackear o próprio sistema. Contraditório? "Não vejo dessa maneira. A religião, na verdade, é uma coisa muito inteligente. Veja o caso do *shabat* (hábito judaico de guardar os sábados). Nesse mundo hiperconectado em que vivemos, faz todo sentido tirar um dia apenas para refletir. É uma tradição antiga, mas que se mostra extremamente atual", diz ele.

Rony também é judeu, porém menos fervoroso. "O Nandão pratica a religião por nós todos", brinca. Ele reconhece, no entanto, que há muita influência do judaísmo na cultura da Reserva. "Somos amigos de infância porque estudamos na mesma escola judaica. Dessa relação que vem o espírito de família da Reserva. Estamos trabalhando para ganhar dinheiro, mas cuidamos um do outro e isso acaba se espalhando pela empresa", diz Rony. "A verdade é que o judeu é um empreendedor. É um povo que sempre tomou porrada em toda a história, e que está sempre preparado para a merda. E, se vai dar merda, você tem de ralar. Além disso, o judeu é um povo muito passional e amoroso. A mãe judia, assim como a italiana, não fica preocupada, ela chora por duas semanas. Foi nesse ambiente extremamente caloroso que conheci meu sócio."

As relações de Rony são intensas e duradouras, e ele credita isso ao judaísmo. O empresário conheceu sua esposa aos 14 anos. "Quando me casei, minha mãe falou: eu te dei asas para voar, mas te dei raízes para você saber que sempre tem para onde voltar. A religião representa nossas raízes, nossa história. As asas representam a curiosidade e a coragem de trilhar novos caminhos", diz ele. A religião também influencia nos trabalhos sociais da empresa. Nandão explica que, para o judeu, a palavra caridade tem o mesmo sentido de justiça. "Quando você ajuda o outro está, na realidade, ajudando a si mesmo", afirma.

O projeto que melhor reflete esse posicionamento é o 1P5P: para cada peça de roupa vendida (1P), a Reserva doa cinco pratos de comida (5P). A empresa tem parceria com a ONG Banco de Alimentos. Rony teve a ideia durante uma viagem a uma região pobre do Nordeste, onde ele se deparou com uma realidade mais dura do que imaginava. "A gente investia em projetos de educação na região. Em uma visita, um menino me disse que era impossível estudar de barriga vazia. Aquilo me deu um nó no estômago. Percebi que não adiantava nada investir em educação se as pessoas passavam fome. Foi quando decidi criar o 1P5P." O Brasil é o segundo maior fornecedor de alimentos do mundo e bateu recordes de produção agrícola em 2015. Mas, ainda assim, 52 milhões de pessoas se encontram em algum estágio de insegurança alimentar, ou seja, um em cada quatro brasileiros não tem acesso regular a alimentos o suficiente para suprir suas necessidades nutricionais. Desses, sete milhões passam fome. O programa teve início em 2016. Nos três primeiros anos, foram doados mais de 32 milhões de pratos — o site da empresa traz atualizações desse número a cada 15 segundos.

A filantropia, para Rony, é, sim, uma questão de marketing. Não no sentido de fazer projetos vazios apenas para dar uma aparência de "bom-mocismo". O ponto está no exemplo. Fazer a coisa certa é louvável e as boas ações devem ser divulgadas. Não tem problema que o filantropo busque melhorar sua imagem e, com isso, aumente as vendas. Se há um retorno para a sociedade, está valendo. Na Reserva, não se pratica o bem sem olhar a quem. "Praticamos o bem olhando a quem sim. Isso é sustentável. Tem tanto mau exemplo por aí, tanta gente roubando, destruindo o meio ambiente. Nos últimos anos, esse país foi, literalmente, lavado a jato. Agora é a hora de mostrar os bons exemplos. Se isso vai fazer com que eu tenha um relacionamento mais profundo e duradouro com o consumidor e se aumentar as vendas, melhor ainda", justifica Rony.

Nesse ponto da conversa, Rony adota certo nacionalismo. Ele deixa transparecer alguma frustração com a elite brasileira, que decidiu abandonar o país em vez de trabalhar para melhorar a situação. Com seu estilo desbocado, ele faz uma espécie de convocatória. "Estamos passando por um período de grandes mudanças. Há uma crise profunda, mas, nesse contexto, surgem oportunidades. Para quem está pensando em ir embora para Portugal ou qualquer outro lugar, só digo uma coisa: vaza. Agora, quem decidir ficar, tem de trabalhar para construir um país melhor."

A Reserva mantém 95% de sua produção em território nacional. Apenas o que realmente não dá para ser feito aqui é importado. Financeiramente, não compensa. O mesmo produto, comprado da China, poderia custar perto da metade. Trazer de fora certamente aumentaria o lucro, porém geraria menos empregos. Pelo perfil da Reserva, é natural que a escolha seja por fabricar no Brasil e ajudar a aumentar a renda do cidadão. Resta o desafio de convencer o cliente a pagar mais caro pelo produto. Mas, afinal, que produto é esse?

Rony encara as roupas da Reserva como mídia. O que ele vende não são apenas peças de vestuário, mas, sim, uma ideia, um conceito. Existe a obrigação de oferecer qualidade, porém isso é o básico. O diferencial da Reserva está no que ela é, não no que ela produz. Por esse motivo, a empresa se preocupa em ser transparente. Quem compra um produto da marca recebe na nota um relatório com os custos de fabricação da peça e o percentual de lucro que fica para a empresa. A maioria dos varejistas esconde essa informação, considerada estratégica. Para Rony, estratégico é mostrar ao consumidor exatamente o que ele está pagando. A Reserva pede para seu cliente pagar a mais para que o produto seja fabricado no Brasil, o que está associado à ideia de gerar valor para toda a sociedade. Nada mais justo que deixar o comprador decidir se vale a pena pagar o preço, ou não. Inicialmente, é preciso abrir as informações.

Multicultural

Os dois amigos não estão mais sozinhos na empreitada. Hoje, a empresa possui outros dois sócios, Jayme Nigri, amigo de infância de Rony e Nandão e o menos religioso dos três, e José Alberto Silva, um especialista em *business intelligence* e ateu convicto. "Divergimos na questão da espiritualidade, mas nos entendemos bem quando se trata de negócios. A diversidade também está no nosso DNA", afirma Silva.

Na Reserva, 70% dos diretores são mulheres e 65% dos colaboradores são negros ou pardos. A diversidade é quase uma religião. Ela também está presente na comunicação da empresa. Como quase tudo que envolve a marca, Rony faz disso uma bandeira. Em mais uma de suas iniciativas polêmicas, a Reserva decidiu produzir um *lookbook* (catálogo de estilos que é entregue aos consumidores) apenas com pessoas consideradas "diferentes". Nandão fez o papel de judeu ortodoxo, havia também um muçulmano, um rastafari, um cara todo tatuado, uma pessoa com síndrome de down, enfim, uma ampla gama de pessoas que não são consideradas "modelos" pelo mundo da moda. O objetivo era que a pessoa que recebesse o *lookbook* fizesse algum comentário do tipo "que diferente".

Nesse caso, os vendedores foram treinados para responder: "é mesmo, mas porque achou diferente?" A cada interação dessas, nascia uma conversa sobre preconceitos inconscientes. "Nunca fazemos campanhas associadas ao produto. Quando nos comunicamos, é sempre um diálogo, com o qual se estabelece uma relação mais profunda com o consumidor", afirma Rony. No fundo, segundo o empresário, trata-se de um oportunismo. A Reserva explora temas polêmicos na sociedade para se posicionar diante de seu público, fazendo com que as pessoas comprem a marca por se identificarem com aquilo que ela comunica.

A estratégia pode parecer desonesta, à medida que uma das partes, no caso, o consumidor, talvez não tenha o grau de consciência necessário para perceber todas as nuances da criação de uma marca. Esse seria o caso se a Reserva escondesse a real intenção por trás de suas ações — como faz, aliás, a maioria das empresas de bens de consumo. Ao admitir que o intuito é, sim, criar uma relação profunda com o cliente e fazê-lo consumir mais e com maior frequência em suas lojas, a empresa restabelece o equilíbrio de informações entre vendedor e comprador. A partir desse ponto, compreender os motivos que levam à decisão de consumir passa a ser uma responsabilidade do consumidor e um ato voluntário.

"Não fazemos o bem apenas porque somos bonzinhos. É mais inteligente. O diálogo, quando é genuíno, promove uma relação profunda. A fidelidade será maior e as vendas serão maiores. Essa é a premissa do Capitalismo Consciente: é sempre um ganha-ganha-ganha", explica Rony. Nesse processo, como há uma preocupação em reduzir as externalidades por meio do reconhecimento e da discussão de questões que afetam a empresa e seu entorno, a sociedade também ganha. É o liberalismo levado ao extremo. "É disso que o país precisa: oportunistas do bem. O que não pode ter é gente roubando hospital. Se mais empresas adotarem essa postura de lucrar com boas ações, mais valor será criado."

Há um desafio, no entanto. A estratégia de se posicionar perante temas polêmicos para ganhar a confiança do consumidor só funciona se for legítima, ou seja, se a comunicação for verdadeira. Falar uma coisa e fazer outra pode até funcionar em um primeiro momento. Porém a tendência é de que a farsa seja descoberta, o que traz consequências catastróficas. As pessoas até perdoam erros, mas detestam ser enganadas. É por esse motivo que qualquer transformação deve começar de dentro para fora, afirma Rony. "A comunicação de uma empresa reflete o que é a cultura. Nesse mundo da pós-verdade, o risco é você não ser bem compreendido."

Empreendedorismo

"Sou empreendedor, sou otimista sempre", diz Rony. Ele nunca pensou em trabalhar com moda. Formado em engenharia de produção, foi trabalhar na consultoria Accenture logo depois de sair da faculdade. Destacou-se como um jovem promissor, ganhava bem, mas a grana nunca falou mais alto. Na verdade, quando criou a Reserva, perdeu dinheiro. "Estaria muito mais rico, no curto prazo, se tivesse seguido na consultoria."

O início da Reserva foi repleto de dificuldades financeiras. Tinha mês em que era preciso escolher entre a luz e o telefone. A ideia de contribuir positivamente para o mundo, no entanto, faz do empreendedorismo um caminho inevitável. Para Rony, não é uma questão de dinheiro. É propósito. Encontrá-lo é uma tarefa complexa que se assemelha a um processo psicoterápico. "Ele não surge de um *brainstorm*. É algo que nasce com a gente. Você não cria um propósito, você o descobre", diz o empresário.

ENTREVISTA COM
FERNANDO SIGAL
Fundador e Diretor de Produto da Reserva

Assista a dois minutos dessa entrevista exclusiva através do QR Code ao lado ou acesse:

www.humanizadas.com.

"A corrupção dos governantes quase sempre começa com a corrupção de seus princípios."

- *Montesquieu*

15 A QUEDA DO CASTELO DE CARTAS

Quando comecei a trabalhar como jornalista, há 15 anos, as agências de comunicação eram acanhadas. A maioria estava ligada à figura do fundador. Essas empresas cresceram e se tornaram grandes conglomerados, que hoje ocupam lajes inteiras na região da Faria Lima, em São Paulo. O escopo do trabalho aumentou na mesma proporção em que cresceu a necessidade de atender aos interesses ocultos de grandes empresas e de atuar em serviços de comunicação de causa e gerenciamento de crise. O primeiro tem a função de alinhar a empresa a alguma tendência cultural do momento para conquistar o coração e a mente dos consumidores. O objetivo do segundo é reduzir os danos à imagem depois que os consumidores descobrem que a "causa" defendida pela empresa não passa de uma jogada de marketing.

O crescimento desses conglomerados de comunicação corporativa se deu a partir de uma ideia equivocada, de que um problema sistêmico pode ser resolvido com a mudança de apenas uma parte da engrenagem. O problema, no caso, é que o mundo se transformou e, por essa razão, a comunicação também mudou. Vivemos na era da pós-verdade, na qual os sentimentos e as emoções moldam as opiniões, e os fatos ficam em segundo plano. Nesse novo mundo, não há espaço para interesses específicos. O que importa são as causas. Isso significa que os consumidores estão mais preocupados com a origem dos produtos, com o impacto das empresas na sociedade, com seus posicionamentos políticos etc. O que gera um desafio para as companhias e faz com que elas busquem relevância criando histórias que vão além do próprio negócio. Daí a necessidade das narrativas, ou *storytelling*, como dizem os comunicadores de plantão. Nessa busca pela relevância, as empresas e os comunicadores esqueceram que qualquer narrativa cujo objetivo seja construir reputações deve condizer com a realidade. Caso contrário, há uma quebra total de confiança. Boa parte do mundo empresarial e da imprensa aprendeu isso da pior maneira possível, graças à Lava Jato.

A primeira leva de prisões relevantes da Lava Jato foi no dia 14 de novembro de 2014, uma sexta-feira. Cheguei cedo na redação onde trabalhava como editor-assistente, em uma das principais revistas de economia do país. A publicação fechava às quintas-feiras, porém, até às duas da tarde de sexta, ainda era possível acrescentar alguma matéria ou fazer alterações. Quando vi a extensão da operação, imaginei que fosse caso de um "parem as máquinas", expressão antiga do jornalismo para designar eventos importantes que justifiquem adiar a impressão de um jornal ou revista. As quatro prisões preventivas, 13 temporárias e os 49 mandados de busca e apreensão miravam grandes e renomadas empresas de construção, entre elas Camargo Corrêa, OAS, Mendes Júnior, Queiroz Galvão e, claro, Odebrecht. Entrei na sala do diretor de redação com a certeza de que tinha pela frente um longo dia de apuração. "Isso não vai dar em nada", foi o que ouvi. A ordem era fingir que nada estava acontecendo.

Os investigados não foram os únicos surpresos com a operação. O jornalismo econômico também foi "pego de calças curtas" pela Lava Jato. As empresas acusadas de corrupção estampavam as capas das principais revistas e as manchetes dos principais jornais há décadas. Todas eram consideradas exemplos da pujança capitalista nacional, símbolos de uma nova era de prosperidade e desenvolvimento. "O gigante acordou", dizia a imprensa estrangeira. A economia "bombava" impulsionada pelo cenário externo, em especial pelos trilhões de dinheiro chinês que alimentaram o boom das commodities. Capitalizadas ao extremo, as empreiteiras nacionais se promovem como sólidas instituições garantidoras do progresso e das boas práticas. Por ingenuidade, ou interesses específicos, a imprensa comprou o discurso.

A farsa foi muito bem montada. Em 2010, a Odebrecht foi eleita como a melhor empresa familiar do mundo pela IMD, uma das mais conceituadas escolas de negócios da Suíça. Até o início de 2019, a Vale fazia parte do índice de sustentabilidade da Bolsa de São Paulo. A CCR, que em 2018 assinou dois acordos de leniência com o Ministério Público por corrupção e lavagem de dinheiro, foi a primeira empresa a entrar no Novo Mercado da Bovespa — supostamente, ostentaria padrões elevados de governança. O padrão de gestão dessas empresas, no entanto, era mentiroso — e a imprensa caiu como um pato em narrativas manipuladas.

Cinco anos após o início da Lava Jato, o vazamento de conversas privadas entre procuradores e o juiz Sérgio Moro ameaça manchar a reputação dos envolvidos e, até mesmo, reverter algumas condenações obtidas pela operação. Mais uma vez, parte da imprensa coloca em risco a sua credibilidade. A pauta deveria ser dominada por uma discussão técnica sobre procedimentos judiciais, ou, como se costuma chamar no meio empresarial, *compliance*, mas se transformou em mais um debate ideológico interminável, em um país polarizado. De um lado, sob a lente da Operação Lava Jato, acusa-se de "esquerdista" qualquer um que se oponha a métodos pouco ortodoxos de conduta por parte de procuradores e juízes. De outro lado, sob a lente do "Lula Livre", não se admite qualquer discussão sobre ética jornalista em relação ao uso de informações obtidas ilegalmente como fonte primordial da notícia — deixando claro que, em nenhum momento, questiono a legalidade da divulgação, apenas sugiro que há questões a serem levantadas sobre o melhor método de se lidar com esse tipo de episódio.

A imprensa está dividida e inerte diante da própria incapacidade de lidar com desvios de conduta daqueles que foram apontados como modelos a serem seguidos. Um caso, que vem ganhando pouca atenção nos debates, é um bom exemplo. Deltan Dallagnol, o chefe oficial da força-tarefa, em determinado momento nas conversas, relata ter aceitado um pacote de viagem para toda a família desfrutar do Beach Park, no Ceará. Sem entrar no mérito da legalidade de suas palestras, me parece óbvio que um funcionário público, em especial do sistema judiciário, não pode aceitar presentes de nenhuma natureza, sob qualquer justificativa, que tenha relação com sua atuação. Esses desvios de conduta são injustificáveis do ponto de vista moral e ético. Se as empreiteiras usaram o poder financeiro para obter vantagens e uma posição privilegiada perante a sociedade, da mesma forma, Dallagnol utilizou sua posição como procurador para usufruir de um benefício sem a devida compensação financeira que é exigida do cidadão comum. Mais uma vez, a imprensa, que exaltou a excepcionalidade e o heroísmo dos membros da força-tarefa, vê-se obrigada a reescrever suas histórias.

Há uma série de motivos que levaram a esse cenário. O colapso do mercado editorial, no Brasil e no mundo, derrubou a qualidade do trabalho jornalístico. Sobrecarregados, repórteres e editores substituíram a apuração pelo relacionamento. Sem tempo para buscar e analisar dados e documentos, passaram a confiar apenas na palavra das fontes, muitas vezes cegamente. Se Marcelo Odebrecht dizia que era um grande visionário da infraestrutura, devia ser verdade. Nenhum grande veículo, tampouco, se deu ao trabalho de questionar os motivos por trás dos vazamentos sistemáticos e cirúrgicos de delações premiadas. Mas todos alardearam a obtenção dos documentos como grandes feitos jornalísticos, resultantes do trabalho incansável de apuração de seus repórteres, escondendo, obviamente, a extensão do relacionamento entre esses profissionais e aqueles interessados na divulgação dos fatos.

Na cobertura de negócios, essa dinâmica criou um conflito de interesses sem solução. Para garantir o acesso a fontes e a exclusividade da informação, jornalistas se envolveram em um jogo de toma lá, dá cá. Uma nota positiva na coluna rendia uma entrevista com um figurão mais adiante. Aos poucos, a imprensa ficou refém desses relacionamentos pouco transparentes. Não são raros os casos em que as amizades por interesse entre fontes e profissionais da imprensa extrapolaram os limites da profissão. Para piorar, esses costumes duvidosos praticados de maneira velada se transformaram em estratégia. Nas redações, a ordem era estreitar os relacionamentos com as assessorias de imprensa das grandes empresas. Ao perceber a oportunidade, o mundo corporativo tratou de criar as grandes estruturas de comunicação. O caso mais célebre é da OGX, de Eike Batista, e sua "fábrica de fatos relevantes". Por meio da estratégia de criar factoides, o empresário era tratado como um visionário, um gênio, e vendeu um projeto faraônico. Poucos se deram ao trabalho de analisar seus planos a fundo, que se mostraram completamente furados. Tudo caiu como um castelo de cartas.

Diante desses fatos, a questão que se coloca para a imprensa, de maneira geral, é: continuar a nos pautar por velhas narrativas que exaltam a excepcionalidade de figuras que se apresentam ou como heróis ou como gênios dos negócios, ou buscaremos contar histórias mais amplas e aprofundadas, que retratam a sociedade e a economia de maneira holística e com a complexidade que o mundo atual exige? Para não depender mais de relacionamentos espúrios na busca de notícias, é preciso mudar o enfoque. A pauta não deve mais estar centrada nos resultados, mas sim no mosaico social que compõe a realidade da atividade empresarial e do empreendedorismo. Mais importante do que o faturamento ou o lucro de uma empresa é como ela pensa sua liderança, quais caminhos enxerga para o futuro e como esse pensamento está refletido na estratégia da corporação. Que ações são tomadas para mitigar os impactos da companhia na sociedade? Como a empresa se relaciona com o meio ambiente? Quais os riscos sistêmicos que ela enfrenta? Esse deve ser o foco da cobertura, para que sejam criadas lideranças capazes de sustentar suas próprias narrativas.

As reais consequências da operação Lava Jato no empresariado brasileiro ainda serão avaliadas. É um erro pensar que uma "caça às bruxas" salvará o país da miséria e, em um passe de mágica, resolverá o deficit do governo. Por outro lado, ignorar a importância, até mesmo simbólica, das inúmeras prisões feitas pela força-tarefa é de uma ingenuidade só justificável pela cegueira ideológica. O mundo dos negócios pré-Lava Jato atuava com a certeza da impunidade. A cultura, em praticamente todas as empresas nacionais e internacionais, era a de tratar a honestidade como leviandade. Quem se recusasse a fazer parte dessa lógica acabava "acusado" de praticar a honestidade e colocar a companhia em risco, como se a imoralidade fosse a única forma de fazer negócios no país. Há quem pense diferente.

"Toda unanimidade é burra.
Quem pensa com a unanimidade,
não precisa pensar."

- *Nelson Rodrigues*

16 O PODER DE PENSAR DIFERENTE

Reunidos em um simpósio no Hospital Albert Einstein, em São Paulo, um grupo de 200 médicos debate sobre o futuro da cirurgia cardíaca no Brasil. Em meio a discussões técnicas, o assunto descamba para a necessidade de se ter uma indústria nacional de produtos médico-cirúrgico-hospitalares. Há certo preconceito contra produtos brasileiros na comunidade médica. Muitos cirurgiões preferem marcas estrangeiras, mais consagradas, de grife. Afinal, o paciente que se trata no Einstein, ou em algum outro hospital desse nível, espera encontrar lá o que há de mais sofisticado na medicina.

Patrícia Braile se levanta diante da plateia, quase toda de homens, e pega o microfone. O que se seguiu foi uma defesa apaixonada não só de sua empresa, a Braile Biomédica, mas de toda uma indústria. Filha do fundador da Braile, o Dr. Domingo Braile, Patrícia conhece as dificuldades de se estabelecer uma indústria de alta tecnologia no Brasil. Da mesma forma, sabe dos benefícios gerados por esse tipo de empreendimento. Por isso, sempre que provocada, ela se vê no dever de proteger o setor. "A gente precisa ter coragem", diz Patrícia. "Ou, pelo menos, fingir que tem."

Sincera, Patrícia diz que foi difícil encarar aquela situação. Como mulher, se impor em um mundo essencialmente masculino nunca é fácil. Mas ela não permite ser intimidada. "Aqui é a gente que manda, os homens obedecem", brinca. Sua tática de lidar com o machismo é não dar tempo para o machista se armar. Antes que ele perceba, já está dominado. Então, só resta a escolha de negociar com uma mulher. Por esse motivo, Patrícia alega que nunca sentiu na pele os efeitos do machismo, embora reconheça que o problema exista.

De qualquer maneira, ela vê na união de forças masculinas e femininas a condição ideal de trabalho. "A mistura entre a forma de comando de um e de outro é interessante", afirma.

A soma de diversas formas de ver o mundo deixa as empresas mais fortes. O mundo precisa da sensibilidade feminina, do cuidado e da maneira sincera com que elas encaram seus medos. As mulheres precisam ter a coragem de serem audaciosas, de falarem abertamente sobre seus pontos de vista e de serem respeitosamente agressivas quando entenderem que devem. Esse mix entre masculino e feminino é o caminho para um ambiente de negócios mais diverso e respeitoso.

Nesse momento, Patrícia sente que deve falar, gritar se for necessário, sobre as vantagens de se ter uma indústria nacional forte. A trajetória da Braile é a prova de como um país pode se beneficiar desse tipo de desenvolvimento, especialmente quando se trata da população mais pobre. A empresa nasceu com um propósito claro, de democratizar o acesso a cirurgias cardíacas no Brasil. Domingo Braile, cirurgião cardíaco, foi aluno e discípulo do professor Euryclides de Jesus Zerbini, pioneiro nesse tipo de operação no Brasil e um dos primeiros médicos a realizar um transplante de coração no mundo. Após concluir os estudos, Domingo teve a oportunidade de seguir no Incor, em São Paulo. Entretanto ele escolheu voltar para o interior, mais precisamente a Nova Aliança, perto de Rio Preto, no Oeste paulista, de onde pretendia massificar a cirurgia cardíaca para todo o país. Seu sonho era tornar a medicina de alta complexidade acessível a qualquer brasileiro.

As dificuldades se mostraram imensas. Eram os anos 70. Sequer havia produtos importados, o que dizer de uma indústria nacional. Domingo não se importava. Fazia o que precisava para realizar cirurgias. Patrícia se recorda de sair de carro no meio da noite com os pais para "dar um passeio". O destino, na verdade, era o necrotério. Enquanto ela ficava no carro com a mãe, seu pai recolhia de cadáveres a dura-máter, membrana que envolve o cérebro e pode servir de matéria-prima para alguns tipos de válvulas usadas em cirurgias. Nada impediria Domingo de atender a população. Essa determinação ele herdou do pai, Dr. Lino Braile. Nascido na Itália, Lino veio ao Brasil após lutar na Primeira Guerra Mundial, já formado em medicina. Patrícia conta que o avô atendia o povo de Nova Aliança, na época ainda um distrito de

Rio Preto, do jeito que dava. Ao lado da cama, ele mandou instalar um sino, para ser acordado em caso de emergência. Como pagamento, recebia até em galinhas, se fosse o caso.

O início da Braile está ligado à busca de Domingo por uma opção melhor às válvulas de dura-máter. Ele passou a testar a possibilidade de usar pericárdio bovino no lugar da membrana humana, técnica em que foi um dos pioneiros no mundo. Nesse começo, em meados da década de 70, a operação se destinava, primordialmente, a abastecer o próprio cirurgião e alguns amigos, que também buscavam maneiras de democratizar o acesso a cirurgias cardiovasculares. Aos poucos, o negócio foi ganhando corpo. Com o lançamento das primeiras bombas de circulação extracorpórea, equipamento fundamental em toda operação, a empresa entrou de vez no radar dos médicos brasileiros. Em 1983, por meio de um acordo com a prefeitura de Rio Preto, ela obteve o terreno para a construção de uma fábrica, onde está instalada sua sede até hoje.

Patrícia nunca quis seguir os passos do pai. Aos 17 anos, foi estudar direito no Largo São Francisco, o icônico campus da faculdade de direito da Universidade de São Paulo, na capital paulista. Seu plano era ter uma carreira independente do pai. Especializou-se em direito internacional e fez planos de se mudar para Nova York. Passou dez anos morando e trabalhando fora de Nova Aliança. "Um dia, tocou o telefone. Era meu pai. Ele disse ok, você já passou muito tempo trabalhando para os outros. Está na hora de voltar", conta Patrícia. "Tudo o que eu queria era não trabalhar com meu pai. Mas o sangue falou mais alto." Domingo precisava da filha, e de seus conhecimentos jurídicos, para estruturar a empresa. Naquele momento, no início dos anos 90, a Braile tomava corpo, o que demandava uma gestão mais cuidadosa. Patrícia encarou o desafio e, por 15 anos, dividiu a sala com o pai.

Dois calabreses no mesmo local de trabalho costuma ser uma mistura explosiva, brinca Patrícia. Apesar dos atritos naturais da relação familiar, a dupla levou a Braile a novos patamares. A empresa já exportava para Argentina e França quando Patrícia começou a trabalhar. Em pouco tempo, vendia seus produtos em Portugal e na Alemanha. O desenvolvimento de equipamentos seguiu firme. Seu portfólio passou a contar com oxigenadores, *stents*, entre outros dispositivos cirúrgicos. Atualmente, a Braile exporta para 40 países e produz 500 mil itens por mês. Já são mais de 200 mil válvulas implantadas desde a sua fundação. Cada válvula é uma vida.

No período em que a empresa se desenvolveu, o Brasil se tornou referência mundial em cirurgia cardiovascular. Isso se deve ao trabalho pioneiro de visionários como o professor Zerbini e seu discípulo Domingo Braile. A indústria nacional, por sua vez, garantiu o acesso a esse importante ramo da medicina a toda a população brasileira, ainda que a gestão ineficiente do Sistema Único de Saúde (SUS) dificulte uma resposta mais rápida aos pacientes. "Somos reguladores de preço. Nenhuma empresa quer vender barato para países em desenvolvimento. Mas nós aceitamos condições que ninguém mais aceita. Temos produtos, como o oxigenador, que faz o papel do pulmão e é usado em praticamente toda cirurgia, que não é reajustado há 15 anos no SUS. Seguimos vendendo", defende Patrícia.

Esse é o principal ponto que ela levantou no simpósio do Einstein. Médicos de alto nível, acostumados a trabalhar em hospitais cuja diária de internação custa o salário anual de boa parte da população brasileira, talvez não percebam o quanto vivem em uma bolha. É bonito dizer que prefere o produto de grife, pois se preocupa com a saúde do paciente. Mas e como democratizar o acesso? Como fazer para levar a cirurgia cardiovascular de alta complexidade aos mais distantes rincões deste país. E como garantir o fornecimento independentemente do preço que o governo consegue pagar? Para Patrícia, somente uma indústria nacional comprometida com o propósito de massificar o acesso à medicina pode se propor a cumprir esse papel. É o que a Braile tem feito.

Ela faz questão de ressaltar, no entanto, que não precisa de ajuda do governo. A Braile chegou até aqui com os poucos recursos disponíveis que tinha à mão. Foi usando a criatividade, o estudo, a ciência e a vontade de inovar que ela e seu pai construíram uma indústria de alta tecnologia no interior de São Paulo. E sempre com o propósito muito claro de valorizar a vida. "Isso é a nossa razão de existir e o motivo de me levantar todos os dias de manhã para vir trabalhar. Cuidamos de pessoas e, para isso, enfrentamos leões todos os dias. A única coisa que eu peço é que nos tratem como tratam os outros. Respeito e igualdade de condições", afirma Patrícia apaixonadamente.

O preconceito contra os produtos nacionais é grande. Para lidar com isso, Patrícia utiliza a mesma estratégia contra o machismo, de não dar folga para os adversários. Certa vez, em outro simpósio, ela ouviu de um conceituado doutor: "Não gosto de produtos nacionais." "Falei para ele, ironicamente, 'o senhor tem razão doutor. Eu mesma, também não gosto de médicos brasileiros, prefiro os estrangeiros, são muito melhores", conta. "No fundo, a elite brasileira não está preocupada. Se precisa de uma cirurgia, vai para os Estados Unidos, na Cleveland Clinic, pouco importa a condição do médico no Tocantins ou na Amazônia."

Algo inusitado acontece, entretanto, quando a Braile vai para fora do país. Recentemente, em uma feira médica em Düsseldorf, na Alemanha, os participantes tiveram de esperar até uma hora e meia para conseguir conversar com um representante da empresa, tamanha era a demanda por informações sobre os produtos. Em países como o Vietnã, cuja média de implantação de válvulas gira em torno de 30 por ano (no Brasil é mais de 10 mil), o impacto dos produtos brasileiros, bem mais baratos que os similares estrangeiros, é gigantesco. Em 2019, uma técnica inovadora desenvolvida por um médico brasileiro em parceria com a Braile foi premiada como o "Melhor Caso do Ano" no principal congresso europeu sobre válvulas para cirurgias, realizado em Paris.

A técnica, criada pelo cirurgião Diego Gala, da Escola Paulista de Medicina, é revolucionária. Ela consiste em implantar uma prótese na aorta ascendente do paciente, junto com uma válvula cardíaca acoplada a um *stent*, por meio de um cateterismo. Assim, é possível substituir uma cirurgia convencional, que exige a abertura do peito do paciente, por uma incisão de cinco centímetros. Isso é possível graças ao desenvolvimento, feito pela Braile, de uma prótese de tecido e nitinol, uma liga de titânio e níquel, que se expande quando é instalada. A primeira experiência em humanos aconteceu há nove meses, no Paraguai. A paciente, Sebastiana Mendieta de Colmán, de 65 anos, que já havia realizado outras duas cirurgias de "peito aberto", teve alta em três dias. Segundo reportagem do jornal O Estado de São Paulo, que conversou com Sebastiana, ela não cansa de agradecer aos médicos.

Talvez seja difícil para muitos brasileiros, não só na comunidade médica, acreditar que uma empresa nacional, sediada no interior e comandada por uma mulher esteja à frente de uma revolução mundial na medicina. Patrícia explica esse fenômeno citando o escritor Nelson Rodrigues, que cunhou a expressão "complexo de vira-latas". "O brasileiro é um narciso às avessas, que cospe na própria imagem. Nossa tragédia é que não temos o mínimo de autoestima", escreveu Rodrigues. Exaltamos tudo que vem de fora e desmerecemos nossas próprias conquistas. Ao mesmo tempo, nos julgamos incapazes de promover mudanças e aceitamos o status quo, mesmo contrariando nossos próprios valores.

É o que acontece com a corrupção. "Já fui acusada de honesta", lamenta Patrícia. O setor da saúde, e isso é público e notório, é um alvo preferencial dos usurpadores de dinheiro público. A Braile sofreu com a lógica imoral de diversos agentes do setor, tendo, inclusive, perdido negócios por não aceitar participar de negociações questionáveis. A Lava Jato trouxe algum alento para ela, que reclama da dificuldade, no passado, em convencer as pessoas de que era melhor não participar de esquemas. "Eu era taxada de ingênua, café com leite", afirma. O fato de ser mulher, possivelmente, contribuía para disseminar essa visão errada de que, por pregar a honestidade, Patrícia desconhecia as práticas do mercado. Na verdade, a sua sensibilidade feminina a levava a ser mais cuidadosa, a considerar os riscos de adotar uma postura antiética e agressiva, o que potencialmente livrou a empresa de prejuízos consideráveis caso fosse pega em algum escândalo de corrupção.

A diversidade protege as companhias dos riscos do pensamento hegemônico. Se todos concordam com algo ruim, como, por exemplo, adotar práticas ilícitas de negociação, esse erro é perpetuado e multiplicado. Normalmente, esses ciclos negativos só terminam quando há uma ruptura. Ter pessoas com diferentes histórias, origens, raças, credos e sexualidade distintas evita o surgimento desses vícios de processo. Dentro de uma organização, as pessoas podem e devem discordar e questionar, tendo sempre como ponto de inflexão o seu propósito. Esse é o segredo da Braile, uma empresa de família calabresa, diversa, inovadora e que tem no respeito à vida a sua razão de existir.

ENTREVISTA COM
PATRÍCIA BRAILE
Presidente da Braile

Assista a dois minutos dessa entrevista exclusiva através do QR Code ao lado ou acesse:

www.humanizadas.com.

"Na vida, não existem soluções.
Existem forças em marcha: é
preciso criá-las e, então, a elas
seguem-se as soluções."

- Antoine de Saint-Exupéry

17 O SISTEMA ESTÁ DOENTE

Segundo dados da Organização Mundial de Saúde (OMS)[1], no Brasil, duas a cada dez pessoas sofrem de depressão ou transtornos de ansiedade. Os dados apontam que 4,4% da população do planeta sofre com a doença, sendo as mulheres as mais afetadas. Estima-se que os transtornos mentais provocam uma perda econômica de US$1 trilhão por ano.

De 2000 a 2012, a taxa de suicídio mundial apresentou uma redução de 26%, com o Brasil andando na contramão: a taxa de suicídio do país cresceu 10,4%. Cerca de 11 mil pessoas cometem suicídio por ano no país, uma morte a cada 48 segundos. Trata-se de um problema de saúde pública complexo, motivado por inúmeros fatores. Mas qual é o papel das organizações na saúde mental de seus funcionários? Qual é a consequência desse cenário para as empresas?

Existem dois tipos de organização: aquelas que se reconhecem como parte da solução, e aquelas que continuam sendo parte do problema. É diante de momentos de crise que temos a oportunidade de tomar consciência da verdadeira responsabilidade social corporativa. Quando a taxa de desemprego do país atingiu 12%, o time de recursos humanos da Reserva propôs a criação do programa "RH Parceiro". Em determinados processos seletivos, os candidatos podiam optar por ter a empresa como parceira para encontrar um emprego. Para aqueles que não fossem aprovados, a Reserva entraria em contato com

....
[1] https://saude.estadao.com.br/noticias/geral,brasil-e-o-pais-que-mais-sofre-com-depressao-na-america-latina,70001676638.

o RH das concorrentes para buscar outras oportunidades e encaminharia o candidato. Já não dá para ficar alheio aos problemas. A omissão é mais relevante quando quem omite poderia agir para evitar o resultado adverso.

Em um recente trabalho de consultoria, nos deparamos com uma tentativa de suicídio em uma empresa parceira — por questões de privacidade, optamos por ocultar o nome da empresa e dos envolvidos. O caso se passou com uma funcionária considerada, por muito tempo, modelo. Ela havia entrado na empresa como terceirizada, e sempre sonhou em fazer parte do quadro de colaboradores. Quando contratada, afirmou que havia realizado um sonho. Sua capacidade e força de vontade se destacavam, ela era respeitada pelos chefes e admirada pelos colegas.

O diagnóstico de uma doença autoimune, no entanto, colocou-a em um espiral de eventos negativos. Ela tentou esconder sua condição. Os colegas buscaram ajudar, convencê-la a se abrir, falar do problema, porém ela se fechava. Na mesma época, seu superior descobriu que a funcionária exemplar estava com problemas familiares, relacionados ao pai. Novamente, ela se fechou, apesar dos apelos. Uma auditoria interna descobriu inconsistências em suas prestações de contas. Seu cartão corporativo havia sido utilizado para compras pessoais. A mesma auditoria revelou outro fato alarmante: a funcionária, frequentemente, batia o ponto, mas permanecia na empresa, geralmente, até uma ou duas horas da manhã.

Diante da informação de que a funcionária havia utilizado o cartão corporativo para fins pessoais, a alta gestão decidiu demiti-la. Seria um exemplo para os demais. Um dos gerentes chegou a alertar sobre os demais problemas da colaboradora e recomendou seu afastamento para um tratamento, no lugar da demissão. Mesmo assim, a decisão foi mantida.

Logo após ser comunicada do desligamento, a funcionária desapareceu. Nas redes sociais, parentes e amigos tentavam, desesperadamente, encontrar informações que levassem a seu paradeiro. Foi uma amiga que a localizou em um hotel próximo da empresa. Ela estava com o rosto todo machucado por autoflagelação e havia ingerido uma grande quantidade de remédios. Era uma tentativa de suicídio.

A notícia de sua demissão correu a empresa rapidamente. Em seguida, vieram os relatos sobre sua tentativa de suicídio. A culpa foi dirigida para a diretoria. Como puderam fazer isso com a funcionária, tida como exemplar até pouco tempo? Todos na empresa sabiam que ela passava por problemas sérios. Custava ter um pouco de compaixão? A crise gerou uma queda de produtividade. Havia, ainda, o risco de imagem. Se o caso viesse a público, a empresa seria seriamente abalada.

O episódio da tentativa de suicídio fez a direção rever alguns conceitos. Seja por ter verificado o risco a que estavam expostos, seja por ter, de fato, se sensibilizado pelo acontecimento, a liderança se engajou em uma jornada de transformação. O trabalho de clima e cultura organizacional na empresa revelou mais casos de estresse e falta de qualidade de vida. Revelou também várias estratégias de gestão de pessoas que não promovem desenvolvimento humano.

Essa história nos ensina que, por mais que as pessoas se importem e tenham atitudes humanizadas, se isso não fizer parte da cultura da empresa e da liderança, não é possível agir de maneira sistemática. Enquanto o fator humano estiver distante da estratégia de negócio, os diretores e o presidente não serão mobilizados a agir. Essa postura precisa mudar.

"Não dá para separar o profissional da pessoa."

- Pedro Chiamulera,
fundador da ClearSale.

18. O FATOR HUMANO

Usain Bolt é o homem mais rápido do mundo. Suas marcas e conquistas não deixam dúvidas. Ganhador de oito ouros olímpicos, Bolt domina os 100 metros rasos há mais de uma década. Ele é dono das três melhores marcas da história do atletismo. Os títulos e recordes o transformaram em uma pessoa mundialmente conhecida e muito rica. O gesto imitando um raio para comemorar cada vitória é repetido por esportistas profissionais e amadores de todos os cantos do planeta. Mas, afora seu evidente carisma e talento para o esporte, o que exatamente diferencia Bolt dos outros competentíssimos atletas fundistas? Precisamente, um piscar de olhos.

A diferença entre Usain Bolt, recordista mundial nos 100 metros rasos, e Tyson Gay, dono da segunda melhor marca da história, é de 0,11 segundo. Uma piscada de olhos leva mais ou menos o mesmo tempo, ou um pouco mais. Por essa perspectiva, pode parecer um pouco injusto que o jamaicano Bolt seja considerado um fenômeno, enquanto o norte-americano Gay figure como um ilustre desconhecido da maioria das pessoas, exceto por aqueles que acompanham o atletismo mais de perto. Afinal, ambos são atletas de altíssimo nível e a diferença entre eles é tão pequena que, estatisticamente, deveria ser desconsiderada. Bolt é o homem mais rápido do mundo por um detalhe.

Também podemos comparar o desempenho de Bolt com o da americana Delorez Florence Griffith-Joyner, a mulher mais rápida de todos os tempos. Flo-Flo, como era conhecida (a atleta faleceu em 1998, em decorrência de um acidente durante uma crise de epilepsia), a exemplo de Bolt, detém as três melhores marcas da história nos 100 metros rasos, todas obtidas em 1988 — há mais de 30 anos, portanto. A diferença entre ela e a segunda mais rápida, sua compatriota Carmelita Jeter, igualmente, é de uma piscadela: 0,15 segundo. Mas e a diferença entre Bolt, um atleta masculino, e Flo-Flo? É menor do que o tempo que leva para ler essa frase. Nos 100 metros rasos, toda a superioridade física masculina se resume a nove décimos de segundo.

Bolt e Flo-Flo são os mais rápidos da história porque atingiram uma marca em determinado dia, sob determinadas circunstâncias, que ninguém mais conseguiu bater. Eles não são os mais rápidos por terem vencido todas as corridas que disputaram. Quantos campeonatos os dois terminaram em segundo, terceiro, ou até fora do pódio? Comparando seus desempenhos com os dos rivais, é aceitável pensar que recordes são, na verdade, anomalias estatísticas e que Usain Bolt e Tyson Gay, por exemplo, estejam exatamente no mesmo nível atleticamente. Ao mesmo tempo, é notório que o esporte masculino recebe mais investimentos do que o feminino. Igualando as condições, não seria plausível pensar que a diferença entre homens e mulheres, que já é inferior a um segundo, cairia para uma ou duas piscadelas ou, até mesmo, seria totalmente eliminada?

Competições precisam de vencedores. O negócio do esporte também. No entanto, é interessante olhar para os resultados sob uma perspectiva mais ampla. A premissa básica de qualquer esporte é a igualdade. Todo competidor deve partir do mesmo lugar e seguir as mesmas regras. Dessa forma, é garantido que o vencedor seja determinado por apenas um fator: o humano. O que importa em uma pista de corrida, em uma quadra ou em um campo é o desempenho daquele atleta, naquele determinado momento. Por esse motivo, não dá para separar o esportista da pessoa. Um atleta profissional sabe que medalhas não são conquistadas apenas pela genética, e que o preparo físico o coloca em pé de igualdade com seus oponentes, porém, não garante a vitória. As grandes barreiras que os atletas de alto desempenho precisam superar são mentais. Aquele impulso extra que garante uma piscadela a menos em seu tempo vem da capacidade de concentração do esportista.

Esses são aspectos interessantes para se levar ao mundo corporativo. O que garante, nas empresas, aquele impulso adicional, o centésimo de segundo adicional para se diferenciar da concorrência? No mundo do trabalho, como no esporte, é possível separar o profissional da pessoa? Pedro Chiamulera, ex-recordista sul-americano nos 400 metros com barreira, participante de duas Olimpíadas, Barcelona 1992 e Atlanta 1996, é categórico: "Obviamente, não." Ele sabe do que está falando. Além de atleta, Chiamulera é um empreendedor, fundador da ClearSale, uma das maiores empresas de sistemas antifraude para o varejo no país. "Em qualquer empresa, são as pessoas que fazem a diferença, portanto, você tem de valorizá-las."

A carreira do empresário é, de certa forma, parecida com a do atleta. Pedro foi bem-sucedido em ambas graças a sua capacidade de autoavaliação e de se relacionar. Ele é rápido em creditar seus resultados na pista à equipe que formou para ajudá-lo, com quem mantinha um relacionamento próximo — tanto que se casou com sua fisioterapeuta. No mundo dos negócios, ele tem um talento natural para as ideias, mas reconhece sua deficiência em organizar os pensamentos e transformá-los em ação. Por esse motivo, sempre contou com parceiros para colocar seus planos em prática. Em última análise, é o fator humano que se configura como diferencial. Na eterna busca por superar os limites e conquistar uma piscada de olhos a menos no tempo, ou a mais no resultado da empresa, Pedro construiu uma companhia cujo principal ativo são as pessoas.

De 1985 até 1998, o esporte foi sua principal atividade profissional. "Treinava com atletas do nível de Zequinha Barbosa e Joaquim Cruz", recorda. Após se aposentar das pistas, o empreendedorismo surgiu como um caminho natural. Formado em ciência da computação nos Estados Unidos, graças a uma bolsa de atleta, o ex-corredor apostou no mercado de softwares para o varejo. A primeira oportunidade veio por acaso. Ele acompanhava a esposa em uma festa quando conheceu um rapaz que trabalhava para o Submarino, recém-lançado site de comércio eletrônico. O novo amigo comentou que estava atrás de uma empresa para desenvolver um sistema antifraude, algo que começava a incomodar as varejistas na internet. "Na hora, disse que seria capaz de fazer, mas não tinha ideia de como começar", conta. A predisposição ao risco é uma herança da atividade esportiva. O atleta, competitivo por natureza, é incentivado a ultrapassar seus limites a todo momento. Na essência, isso significa aceitar a possibilidade de fracasso. Para Pedro, empreender, no fundo, é isso. "Eu sempre fui muito competitivo", diz. "Talvez por ser o filho mais novo de 10 irmãos e por meu pai ter esse mesmo espírito. Em casa, sempre tivemos altos e baixos. É algo natural para mim."

Na semana seguinte, ele enviou ao novo colega uma proposta que foi aprovada em dois dias. Agora tinha de entregar. Desenvolver um software antifraude é complicado hoje. No final dos anos 1990, era ainda mais. Por sorte, e com a ajuda da esposa, Pedro encontrou um desses gênios precoces da programação que conseguiu acelerar os trabalhos. Seu próprio conhecimento de programação ajudou no processo. O resultado do trabalho foi tão bom que o Submarino exigiu ficar com o código-fonte do sistema, mas o empresário insistiu que não. Ele queria poder vender a outras empresas.

Pouco depois, Pedro foi procurado pela Americanas (Submarino e Americanas hoje fazem parte do mesmo grupo, mas, até então, competiam ferozmente). Com o novo cliente, a empresa deu um salto em tamanho. Empolgado, lançou-se em novos projetos. "Sempre fui meio caótico. Tinha uma ideia, pegava um estagiário e mandava fazer", afirma. A falta de foco e um contexto econômico desfavorável trouxeram problemas. A bolha da internet, no começo dos anos 2000, derrubou os negócios. Para sobreviver, a empresa teve de se alavancar. "Eu vendia o almoço para pagar o jantar. Tinha todos os produtos bancários que você pode imaginar. Consórcio, seguro, capitalização, enfim, o gerente liberava o dinheiro, mas me empurrava todos esses penduricalhos", recorda, com bom humor. "Então eu quebrei."

Um momento marcante na vida de qualquer empreendedor é atingir a marca de um milhão de reais em dívidas. Pedro chegou bem perto disso. A situação saiu do controle. Sem condições financeiras, a empresa perdia talentos. Os projetos atrasaram e os clientes começaram a reclamar. Para piorar, o otimismo de Pedro, sempre muito aparente, foi se esvaindo. "Fiquei deprimido", conta. "Chegou em um ponto em que eu queria que a empresa quebrasse para acabar com aquele tormento. Foi muito difícil."

O momento difícil forçou o empresário a reavaliar suas convicções. Sua autoconfiança estava abalada. Aquela pessoa dinâmica, aberta aos riscos e comunicativa, aos poucos dava lugar a um cara introspectivo, preocupado. Pedro não se reconhecia. "Nos tempos de atleta, eu tinha essa coisa do patriotismo, de ajudar o país e fazer a diferença. Mantive esse espírito em minha vida de empresário. Sabia que, em algum momento, iria decolar. Mas tinha de me provar financeiramente." A crise que se abateu sobre o mercado e, consequentemente, sobre a empresa o afetava pessoalmente.

Em meio a esse caos, Pedro passou a adotar alguns rituais de meditação e autoconhecimento, entre eles o de separar uma hora por semana para ouvir ópera, no meio do dia. A ideia era, por alguns instantes, sair da loucura e tentar entender o que estava acontecendo de errado com ele e com o negócio. A partir dessas reflexões, ele compreendeu os valores que o levaram a se enveredar pelo esporte e, posteriormente, pelo empreendedorismo. E descobriu que a ideia de liberdade permeia suas ações. "Sou uma pessoa caótica, reconheço. Mas essa aparente confusão, na verdade, é uma forma de liberdade. Não sou refém do risco, sou livre para fazer o que quero. Eu quis ser atleta, depois quis me realizar profissionalmente, sempre focado naquilo que faz sentido para mim. Tem até um pouco de egocentrismo nisso. Mas, ao mesmo tempo, descobri que o valor se constrói a partir das relações humanas, que são baseadas na confiança. O interessante é que confiar também é um ato de liberdade. Quem confia é livre para aprender. Dessa forma, os valores vão se conectando de um jeito que a gente vai aprendendo com a vida. A questão é como conectar esses valores com o negócio." Resolver essa equação exigiu um processo lento de aprendizado. E a ajuda de terceiros.

A saída da crise se deu a partir de um relacionamento. Para não prejudicar os clientes, Pedro foi repassando os códigos-fonte de seus produtos. Ao fim desse processo, restava à empresa os direitos sobre apenas um software, o antifraude. A capacidade criativa do empresário, mais uma vez, o ajudou. Ele decidiu se arriscar em um novo modelo de venda, no qual a remuneração do serviço estaria atrelada ao resultado. A ClearSale receberia por fraude evitada, e não pelo serviço prestado. Pedro acreditava ser possível usar conceitos e técnicas de análise comportamental para prever crimes eletrônicos, o que garantiria um índice de detecção elevado. Ele estava certo. Hoje, os sistemas antifraude são todos baseados nesse conceito, com a vantagem de utilizarem softwares de inteligência artificial e aprendizado de máquina muito mais avançados. Para o cliente, parecia uma grande barganha pagar um valor menor por fraude evitada do que arcar com o prejuízo decorrente do malfeito. "Eu instituí o modelo de resultado como serviço", afirma Pedro, fazendo alusão ao conceito de software como serviço, muito utilizado na indústria de TI. Com essa inovação, a ClearSale decolou novamente.

Para viabilizar a ideia, Pedro contou com a ajuda de Bernardo Lustosa. Estatístico formado pela Unicamp, Bernardo havia feito alguns trabalhos de desenvolvimento para a ClearSale anteriormente. Na época, ele trabalhava na Caixa Econômica e tinha uma situação financeira confortável. "Eu não tinha dinheiro para pagá-lo, mas sabia que era a pessoa certa para me ajudar", afirma. Um contrato com a operadora de telefonia Claro, enfim, resolveu seu problema. Os 12 mil reais mensais eram suficientes para contratar o parceiro. A sociedade deu muito certo e os dois desenvolveram uma forte amizade. Bernardo também é uma pessoa que preza pela liberdade, tanto que deixou um emprego público para se dedicar ao empreendedorismo. Porém tem um perfil mais executivo, planejador. Pedro é o sonhador. Essa complementaridade é importante para colocar em prática ideias inovadoras, mesmo que, à princípio, pareçam inviáveis.

Com a empresa de volta ao caminho do crescimento, o desafio seguinte foi desenvolver uma nova cultura corporativa. Pedro não queria cometer novamente o erro de perder o foco no que é importante. Mas o que é importante? "No esporte, não dá para separar o atleta da pessoa. No empreendedorismo também não. Mas a lógica corporativa é a de separar o profissional do humano. Não somos máquinas. Temos sonhos, aspirações, propósito. Foi um longo processo até eu perceber que a liberdade era o que me motivava. Nosso negócio é dar liberdade para nossos clientes, os varejistas, venderem sem se preocuparem com o risco de fraude. No fundo, valores humanos e empresas estão relacionados", diz Pedro.

A busca pelo propósito se traduziu, como de praxe, em mais algumas ideias caóticas. As pausas para ouvir ópera no meio do dia não só continuaram, como passaram a envolver toda a empresa. Pedro queria desenvolver o lado emocional dos funcionários. Ele partia do princípio de que as pessoas têm uma vida fora da empresa e, portanto, enfrentam problemas no amor, na família, nas amizades, enfim, em várias instâncias que não estão relacionadas diretamente com suas atividades profissionais. Contudo, em sua ansiedade por difundir os conceitos de humanização e as práticas de *mindfulness*, Pedro criava mais ruídos do que paz interior. O plano só andou com a chegada de um novo sócio, Mauro Back. Engenheiro agrônomo por formação, mas com toda carreira desenvolvida na área de TI, Mauro é amigo de Pedro há mais de 30 anos — os dois se conheceram nos escoteiros.

Descendente de alemães e católico convicto, o novo sócio trouxe metodologia ao caos conceitual de Pedro. Com o auxílio da psicopedagoga Cecília Warschauer, ele estruturou o projeto de "descompressão corporativa" idealizado pelo amigo. O trabalho resultou na criação da Universidade da Assertividade Humana (UAH!), um programa participativo de alívio das tensões do dia a dia e facilitação da comunicação. Mauro explica que a ideia é valorizar o emocional por meio do acolhimento das pessoas. Desde o momento em que o profissional entra na empresa, ele é convidado a participar de atividades capazes de abrir canais de diálogo, desde uma simples conversa com o presidente até a formação de uma banda de rock. Há quem escolha desenvolver uma peça de teatro, iniciar um clube de leitura ou até fazer um churrasco na "laje" do prédio. Aprovada a ideia, a empresa oferece toda a estrutura necessária. Algumas atividades, inclusive, podem servir de canal de comunicação oficial da companhia. O teatro já foi utilizado para transmitir exemplos de boas práticas corporativas, por exemplo.

A UAH! se tornou a expressão da cultura da ClearSale. O formato da sigla, de um grito, carrega a empolgação de Pedro. Ela representa a capacidade de agir e buscar seus interesses, um valor fundamental do empresário. O grito também transmite a ideia do último esforço, aquele algo a mais que o atleta busca para superar o próprio tempo. Em uma palavra, a UAH! resume a essência da ClearSale que, no fundo, é a própria essência de seu fundador. "Quando eu tive essa ideia, era muito disruptiva, apartada da empresa. O trabalho do Mauro e da Cecília trouxe a coisa para perto do pessoal, que era o que eu queria. O profissional não é uma máquina, não adianta dar porrada. A UAH!, para mim, traz o espírito do aprender trocando e do aprender fazendo. Ela mantém um eterno sentimento de tesão coletivo", diz Pedro.

Uma década depois de quebrar, o empresário agora se vê à frente de uma empresa com 1,3 mil funcionários. Entretanto, ele não se deixa levar pela frieza do número. Pedro entende que a força da ClearSale está no esforço de cada indivíduo que faz parte desse coletivo e que, para cada um dar o melhor de si, é preciso que haja equilíbrio emocional. Ninguém vai se manter no auge do desempenho o tempo todo. Todavia, na hora certa, com a cabeça no lugar e os esforços concentrados naquele momento, talvez seja possível conseguir o milésimo de segundo que vai te levar para o topo do pódio.

"Não há empresa que se sustente priorizando o dinheiro."

- Luis Fernando Porto

19 A SIMPLICIDADE DAS ESCOLHAS CERTAS

"É difícil separar a vida pessoal da profissional. Problemas de casa afetam o trabalho e problemas do trabalho afetam a família", afirma Luis Fernando Porto, CEO e principal acionista da Unidas, segunda maior locadora de automóveis do país. "Passamos mais tempo na empresa do que em casa". Por isso, pessoas felizes trabalham melhor. Para ele, os funcionários devem ser bem tratados. O clima no escritório precisa ser leve e as pessoas, cordiais. No início, as empresas são assim. Toda pequena companhia se confunde com o dono. Ele contrata pessoas com o seu perfil e centraliza as decisões. A convivência é pessoal, quase íntima. As pessoas se conhecem, sabem onde os colegas moram, se são casados, se têm filhos. O ambiente é familiar. O difícil é manter essa atmosfera em uma empresa com mais de dois mil funcionários, como a Unidas, cujo faturamento chegou a 1,6 bilhão de reais em 2017.

A trajetória de Fernando começou em uma pequena empresa. Sua entrada no setor de aluguel de carros se deu por "um golpe de sorte", como ele define. Em 1993, seu pai foi convidado por amigos para uma sociedade. Como incentivo, indicou o filho, um jovem de vinte e poucos anos recém-formado em Administração pela Fundação Mineira de Educação e Cultura, a FUMEC, de Belo Horizonte. "Só me aceitaram por causa dele", lembra. A empreitada resultou na Locamerica, que se tornaria a maior gestora de frotas do país. A grande tacada veio em 2008. A quebra do banco Lehman Brothers provocou uma forte recessão na Europa e nos Estados Unidos, levando os investidores a buscar a rentabilidade dos mercados emergentes. O Brasil vivia um ciclo de forte crescimento, o chamado "milagrinho econômico". O gigante acordou. Bem administrada, a Locamerica atraiu investimentos de um fundo de *private equity*. Na época, a empresa tinha 100 funcionários. Com o aporte, chegou a 600.

"Aí eu perdi o controle", diz o empresário. "Não dava para administrar essa quantidade de gente da mesma forma. A empresa se transfigurou." Por três anos, Fernando conseguiu entregar bons resultados aos acionistas. No quarto ano, não. "O problema era o ambiente no escritório. Muita competição e pouca valorização. Contratamos pessoas de fora ganhando mais do que as de dentro. Não havia clareza. O convívio era ruim. Além da guerra com o mercado, arrumamos batalhas internas." Fernando mantinha a postura de sempre. Informal, procurava conhecer os funcionários, como se ainda comandasse uma pequena empresa. "Enquanto eram apenas eu e mais dez pessoas, tudo bem. Depois, ficou impossível", diz. O perfil do pessoal mudará. Muitos dos novos contratados estavam ali pela grana.

O crescimento traz algumas armadilhas. Umas delas está na capacidade de se igualar aos concorrentes. De repente, aquele executivo que parecia fora do alcance pode trabalhar para você. Na esperança de contar com os melhores profissionais do mercado, a empresa relega a própria história e desconsidera as pessoas que ajudaram a construí-la. Os recém-chegados, no entanto, têm sua própria trajetória, traçada em outro contexto, e não vão se importar com valores alheios. Para os veteranos, que acompanharam o crescimento da companhia, sobra a frustração. Aqueles que enfrentaram as dificuldades do início, época de recursos escassos, e foram criativos para superar a concorrência, maior e mais forte, se veem preteridos por "gente do mercado". O resultado dessa postura é uma companhia sem alma, órfã, um caldeirão de culturas heterogêneas. "Quando 'compramos' alguém, ou seja, quando contratamos um profissional de fora prometendo um salário maior do que ele ganha, a decisão é meramente financeira. Não pode ser assim."

Fernando levou algum tempo para entender as causas do mau momento. A piora no clima não é visível de uma hora para outra. As pessoas sobrevivem a um ambiente insalubre por anos. Esse é o problema. O líder perde o contato com as bases sem perceber. Os números mostram uma coisa, mas a realidade da companhia é outra. "Quando eu tinha uma pequena empresa, intuitivamente, conseguia manter um clima amigável. A companhia crescia muito e era rentável, tanto que atraímos um *private equity*, que pagou caro por uma parcela da empresa. O investidor quer o retorno dele, não importa a administração. Ele não quer saber se o clima está bom, se as pessoas estão felizes. Então passamos pela fase de buscar profissionais no mercado. Se precisava de alguém para uma função específica, procurava nos concorrentes, pagava e contratava. Qual era a ideia que ficava? Que o dinheiro era o mais importante. O ambiente foi se deteriorando. Cada dia um pedia para sair e eu ia no mercado e buscava outro mais caro, como se fosse resolver o problema. Em cinco anos, foi tudo destruído. Hoje, eu tenho a certeza de que as pessoas são o mais importante", afirma Fernando.

Cinco anos depois de vender parte da empresa, Fernando decidiu rever a gestão. A escolha foi por um modelo focado nas pessoas, ou seja, de valorização profissional — funcionários não são descartáveis. "Não tenho vergonha de dizer que, aqui, a prioridade não é o cliente. Chegamos aonde chegamos por causa de nossas pessoas. Existimos por causa delas. Se estão felizes, cuidarão bem dos nossos clientes. Caso contrário, de nada adianta lançar programas de melhoria no atendimento e estabelecer diretrizes de qualidade." A linha entre cuidadoso e complacente, entretanto, é tênue. Há a necessidade de cobrar resultados, o que só é possível com a adoção de critérios para balizar as expectativas de funcionários e acionistas. A Unidas abandonou o pensamento de curto prazo. As metas passaram a ter prazos de cinco anos e foram estabelecidos parâmetros de promoção e evolução salarial. A empresa valoriza quem é de dentro, portanto, toda promoção é interna, salvo em casos específicos. Recém-contratados sempre ganham menos do que veteranos que ocupam o mesmo cargo. Ninguém é contratado para ganhar mais do que ganhava na antiga empresa. Fernando estabeleceu um dogma: "entre o dinheiro e as pessoas, ficamos com as pessoas, em qualquer situação, mesmo que se oponha à vontade do investidor." Ele experimentou os dois lados da moeda. Quando escolheu não valorizar os funcionários, os resultados foram ruins. "Não há empresa que se sustente priorizando o dinheiro", diz o empresário.

Há uma aparente contradição nessa postura. Fernando não é fundador da Unidas. Ele comprou a empresa em 2017, por cerca de um bilhão de reais. Meses antes, havia adquirido outra concorrente, a Auto Ricci. A transação resultou no corte de 25% da força de trabalho de ambas as companhias. É correto dizer que prioriza as pessoas e mandar tantas pessoas embora, de uma vez? "Eu não posso manter uma força de trabalho 25% maior do que preciso. Seria irresponsável. Porém, na hora de demitir, escolho tratar as pessoas com respeito. O importante é a transparência. Todos sabem que podem ser demitidos. Faz parte da vida. A diferença está na maneira como o funcionário é desligado. Nós explicamos, procuramos deixar claro que não é por incompetência, ajudamos na transição. É bom para quem sai e para quem fica. Saber o que acontecerá em caso de demissão dá mais segurança. As pessoas são inteligentes o suficiente para entender os motivos da empresa. Basta tratá-las com respeito e explicar direito." Pouco depois de comprar a Ricci, Fernando decidiu fazer uma pesquisa de clima. Mesmo demitindo centenas de funcionários, o nível de engajamento alcançou 75%. Entre os líderes, 93%. "O importante é não desafiar a inteligência de ninguém. Um não bem dado é melhor do que um sim que não é transparente. Tratar bem quem vai embora é uma forma de valorizar quem fica."

A grande questão, diz ele, é que o trabalho não pode dominar todos os aspectos da vida. "Enfrentamos problemas pessoais, temos uma vida fora da empresa." É papel do líder entender essa dinâmica. Assim como é papel do líder compreender que nem todos desejam crescer na carreira. Há quem escolha uma vida mais simples, prefira passar mais tempo em casa e não quer arcar com o ônus do dia a dia agitado de um executivo — mesmo que, para isso, tenha de renunciar ao bônus financeiro. Não há nada de errado nisso. O segredo está em saber lidar com as expectativas. As pessoas são inteligentes, sabem do que são capazes e até aonde podem chegar.

A SIMPLICIDADE DAS ESCOLHAS CERTAS   135

ENTREVISTA COM
LUIS FERNANDO PORTO
CEO da Unidas

Assista a dois minutos dessa entrevista exclusiva através do QR Code ao lado ou acesse:

www.humanizadas.com.

"Mostre-me uma pessoa que não comete erros e eu irei lhe mostrar uma pessoa que não faz nada."

- Leonard Rubino

20
ERRAR É HUMANO

O que um hospital deve fazer com um erro médico? Esse tipo de ocorrência costuma gerar enormes prejuízos a empresas de saúde, ainda mais se a falha resultar em óbito. Quando se trata de instituições de altíssimo nível, como o Hospital Israelita Albert Einstein, um processo do tipo, provavelmente, movimenta valores na casa dos milhões. A justiça é fria na hora de definir o valor de uma vida. O cálculo é feito multiplicando o potencial de ganhos financeiros pela expectativa de vida do paciente. O pior cenário possível, portanto, é se o erro acontecer com uma pessoa jovem, de família rica e com uma carreira promissora pela frente.

Em fevereiro de 2015, a jovem bailarina Júlia Lima, de 27 anos, deu entrada no Einstein com dores no cóccix. O diagnóstico foi de síndrome de Cockett, quando há compressão da veia ilíaca pela artéria. Dois dias depois, Júlia foi operada. Na UTI, ela reclamava de dores e dificuldade para respirar. Por diversas vezes, os médicos minimizaram o relato da paciente e ignoraram os apelos da família. Ela morrera no dia seguinte. A menina, que dava os primeiros passos na carreira de atriz, perdeu a vida por um erro tolo. Para salvá-la, bastava suspender um dos medicamentos.

A postura do hospital e os pareceres dos advogados foram dar total transparência aos procedimentos adotados. A família de Júlia teve acesso a todas as informações do que aconteceu com a filha desde a sua chegada à instituição. Claro que havia o risco de processo, porém ele existiria independentemente de qualquer tentativa de encobrir os fatos. A imagem do hospital também estava em jogo. Como uma jovem saudável dá entrada no Einstein com dores nas costas e morre alguns dias depois, simplesmente porque não cortaram um medicamento? O prejuízo seria enorme. Mas não eram essas questões que estavam em jogo. O importante, para a instituição, era entender as causas que levaram ao erro do hospital e o que teria de ser feito para um episódio como esses não se repetir.

O Einstein tomou medidas extraordinárias nesse sentido. Juntamente com os pais de Júlia, o engenheiro Francisco Cruz Lima e a tradutora Sandra Giuliani Cruz Lima, o hospital instituiu um conselho de pacientes responsável por criar ações de melhoria no relacionamento entre médicos, pacientes e familiares. O programa de segurança da instituição foi remodelado e batizado de Programa Júlia Lima. Também foi criado o Prêmio Júlia Lima de Segurança do Paciente, que celebra profissionais destacados nessa área. Para não deixar o episódio ser esquecido, o Einstein construiu um memorial na frente de sua escola de medicina, que inclui uma estátua em tamanho natural da bailarina. Graças aos protocolos criados a partir desse caso, mais de 20 vidas já foram salvas, comprovadamente.

Imagem do prêmio Júlia Lima de Segurança do Paciente
Fonte: Regulamento do Prêmio disponível em https://www.einstein.br.

Notadamente um dos dois melhores hospitais do país, ao lado do Sírio Libanês, o Einstein é rigoroso em relação a erros. Eles não podem acontecer. O problema é que, para evitá-los, é preciso conhecê-los, o que só é possível com transparência. Por esse motivo, há uma regra que estabelece a demissão sumária para qualquer funcionário que esconder um erro, por menor que ele seja. Errar, por sua vez, não é motivo suficiente para o desligamento. "Precisamos ter o paciente como parte central de tudo o que a gente faz", afirma o Dr. Sidney Klajner, presidente da Sociedade Beneficente Israelita Brasileira Albert Einstein, que administra o hospital.

Humanizar as relações entre médicos e pacientes é um desafio constante. A tecnologia é uma parte importante no avanço dos cuidados de saúde, porém, ela tem a tendência de distanciar o profissional do cliente. O resultado é uma comunicação pobre, fria, que torna a estadia no hospital uma experiência desagradável, mesmo com um desfecho positivo. Em casos extremos, esse distanciamento pode levar a erros, como no caso de Júlia Lima. Se os médicos tivessem ouvido a paciente ou seus familiares com a atenção devida, possivelmente, evitariam o erro. Entretanto, em meio a uma miríade de equipamentos caros e cheios de recursos, é fácil negligenciar o olho no olho, o toque e a conversa. "Muitas vezes, em um hospital, o paciente se sente um passageiro sem controle do destino", afirma Francisco Lima, pai de Júlia, em um vídeo gravado pelo Instituto Brasileiro para a Segurança do Paciente.

A tecnologia será sempre importante e um objetivo a ser perseguido. Mas a medicina é, essencialmente, humana. Por isso, segundo Klajner, há uma busca incessante por maneiras de humanizar a gestão. Os resultados são visíveis. "A principal reclamação dos médicos é não ter tempo de fazer o atendimento da maneira adequada. Esse é um ponto importante. Mas, em nossas pesquisas, percebemos que a empatia acelera todo o processo. O simples ato de bater na porta antes de entrar no quarto e dar bom dia, o que não leva dois minutos, economiza, depois, 15 minutos de perguntas. O paciente e seus familiares, quando se sentem acolhidos, prestam mais atenção na explicação do médico", relata Klajner.

Há uma clara obsessão no Einstein com a experiência dos pacientes durante o tratamento. A meta é fazer com que todos saiam satisfeitos do hospital. Mas existe um obstáculo endêmico em relação a isso, que é a morte. É possível uma família sair satisfeita de um hospital mesmo tendo perdido um de seus entes queridos? Mais uma vez, humanizar é a resposta. A morte é natural. Para um paciente com câncer terminal, por exemplo, esse é o desfecho esperado. Então, uma experiência satisfatória depende de como esse processo é tratado, e não, necessariamente, do desfecho. E a empatia é a chave. Klajner cita a Cleveland Clinic, talvez a mais prestigiada instituição de saúde do mundo, como um exemplo de como é importante essa questão.

Existem diversas versões para essa história, porém a parte importante dela é que o presidente da Cleveland, Toby Cosgrove, ouviu de uma pessoa que seu pai havia preterido a instituição, em favor de sua grande concorrente, a Mayo Clinic, para uma cirurgia cardíaca. O motivo era a melhor comunicação com o paciente. Cosgrove, um cirurgião cardiovascular, percebeu ali que ter o mais alto índice de sucesso nos tratamentos, como era o caso da Cleveland, não bastava. Desde então, o hospital reformulou toda sua política de atendimento para colocar mais empatia no processo. Em suma, deixou de ser uma instituição focada apenas em alta tecnologia para intensificar seu lado humano.

A humanização faz parte dos valores do Einstein desde sua fundação, diz Klajner. A instituição foi criada pela comunidade judaica como uma forma de agradecimento pelo acolhimento do Brasil aos judeus que fugiram do nazismo. Fazer o bem, por sinal, é um preceito fundamental do judaísmo. Em hebraico, a palavra caridade está relacionada com a palavra justiça, como também destaca Fernando Sigal, da Reserva, em um capítulo anterior. Doar, para o judeu, é um ato de engrandecimento e uma obrigação. No Einstein, esses preceitos são praticados diariamente nas atividades filantrópicas da instituição, como os programas de saúde conduzidos na Favela de Paraisópolis, em São Paulo, e nas diversas parcerias mantidas com a prefeitura paulistana para a implementação de serviços de atenção básica. Mais recentemente, o Einstein assumiu a gestão de dois hospitais municipais, um no M'Boi Mirim e outro na Vila Santa Catarina, bairros periféricos da cidade.

Outra busca incessante da instituição é pela qualidade. O Einstein foi o primeiro hospital fora dos Estados Unidos a ser certificado pela Joint Commission, entidade sem fins lucrativos que é a principal guardiã da qualidade dos serviços médicos norte-americanos. Isso aconteceu no final da década de 1990. A partir do caso do hospital brasileiro, a entidade criou a Joint Commission International (JCI), hoje a principal certificadora global de empresas de saúde. O Einstein também foi a primeira empresa brasileira a receber a certificação ouro da Planetree, organização norte-americana que, desde 1978, estabelece critérios para o atendimento humanizado de pacientes.

No entanto, nenhum selo de excelência é válido se o paciente, no final das contas, não é colocado no centro de tudo. "A tecnologia pode até fazer mal. Lidamos com situações extremas, em que o prolongamento da vida pode ser prejudicial. Passei por isso com meu pai. Um paciente em estado vegetativo, sem comunicação com o mundo, está bem cuidado? Temos um protocolo de cuidados paliativos que entra em ação nesses casos. Contudo, é preciso estabelecer um diálogo com a família, que deve se pautar pela transparência e pelo respeito", diz Klajner.

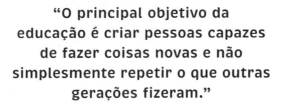

"O principal objetivo da educação é criar pessoas capazes de fazer coisas novas e não simplesmente repetir o que outras gerações fizeram."

- Jean Piaget

21 AS NOVAS GERAÇÕES DE EMPREENDEDORES

Empresas devem ter uma cultura flexível e ágil, capaz de trazer impacto econômico, social e ambiental para reter os melhores profissionais da nova geração. Senão, eles vão procurar outro emprego ou abrir o próprio negócio. Não por acaso, vivenciamos um boom de *startups* neste momento. Os melhores universitários de hoje são justamente aqueles que têm uma perspectiva de longo prazo voltada para impacto *Triple Bottom Line* muito bem definida, coisa que ainda não está madura no ambiente de negócios. As empresas que não estiverem prontas perderão os melhores talentos no curto prazo e a competitividade no longo prazo.

Na prática, teremos mudanças drástica nos modelos de negócios já existentes. Hoje, as empresas já não selecionam os melhores profissionais, são eles que decidem onde querem trabalhar. Os *millennials* podem recorrer ao Great Place To Work, à 99Jobs ou à Glassdoor (anterior Love Mondays), para escolher a companhia mais adequada a seu perfil. Para se ter ideia da diferença de pensamento, 87% dos *millennials* acreditam em que o sucesso de uma empresa não se resume apenas a ganhos financeiros, mas também a sua capacidade de gerar impacto social, ambiental e econômico. Isso explica a dificuldade de grandes corporações em atrair e reter essa geração. A maioria das empresas está distante desse paradigma. Os departamentos de RH buscam desenvolver novos projetos e parcerias, porém enfrentam um grande problema: não basta ter um processo seletivo sexy, é preciso ter uma cultura sexy. A cultura não é um papel em branco ou uma lista de valores e uma frase bonitinha na parede. A cultura tem a ver como o modelo mental e os paradigmas presentes no dia a dia das pessoas que fazem o negócio acontecer. Não adianta falar em sustentabilidade, inovação, digitalização ou humanização, se as lideranças das empresas estão perpetuando paradigmas do século passado.

Entre os *millennials*, 93% acreditam que o impacto social de um negócio é fator-chave na decisão de investimentos. E isso sem dúvida influenciará a forma como os investidores tomam decisões. Na área do venture capital, já estão emergindo excelentes iniciativas como a Vox Capital, Artemisia, Vale do Dendê, Aceleradora 2.5, Quintessa, Pipe Social, plataforma Dinheiro & Consciência e várias outras. Segundo o fundo de pensão público dos Estados Unidos (CaIPERS), que tem US$ 265 bilhões de dólares em ativos sob gestão, as empresas que criarão valor aos acionistas no longo prazo são aquelas que geram valor compartilhado para todos os seus *stakeholders*.

Contudo, ao analisar ações de algumas das maiores companhias do país, podemos notar que muitas ainda não estão prontas para esse novo contexto. Nos últimos anos, tivemos um crescimento do número de empresas pedindo recuperação judicial no Brasil. Algumas em decorrência do envolvimento em casos de corrupção, como OGX, OAS e Galvão Engenharia. Outras, sucumbiram por terem uma gestão muito presa aos paradigmas do século passado e não acompanharem as mudanças do nosso tempo, como é o caso do Grupo Abril, da Livraria Cultura, dos Refrigerantes Dolly e da telefônica OI. Também temos uma série de empresas de médio porte indo à falência devido à busca incessante pelo lucro.

A primeira coisa que essas lideranças precisam fazer é enxergar os negócios sob uma nova perspectiva, mais sistêmica e humana. É preciso resgatar a essência do significado de sucesso e a verdadeira razão pela qual o negócio existe, que vai muito além do termo jurídico. No fundo, as pessoas querem se relacionar com empresas que trazem um significado de vida, autenticidade, senso de comunidade, de pertencimento, paixão e propósito. Ao analisar as empresas nessa jornada e os paradigmas de negócio por trás das ações de suas lideranças, compreendemos por que algumas crescem de forma orgânica e sustentável e por que outras estão envolvidas em casos de corrupção, fechando seus negócios ou entrando em recuperação judicial.

Todo poder ao jovem

Os *millennials* já foram chamados de "geração mimimi". Quem nunca ouviu dizer que essa geração é dispersa, não tem comprometimento, é indisciplinada e mimada? A realidade é outra. Toda geração tem sua dose de indisciplina e revolta. Competência e trabalho também não são exclusividade de nenhum grupo em especial. Há bons e maus profissionais de todas as idades. O que difere os *millennials* de seus antecessores é a intolerância deles a regras e processos inúteis, baseados unicamente na hierarquia. Os jovens de hoje buscam um sentido para o trabalho e querem sentir que estão fazendo alguma diferença no mundo. Não importa se o trabalho é simples, desde que faça sentido dentro de um contexto maior de mudança e que produza um efeito benéfico para a sociedade.

Em São Carlos, numa casa grande e antiga, transformada em escritório, está instalada a Raccoon, uma agência de marketing digital que, segundo sua própria definição, acredita na análise de dados e na tecnologia para resolver problemas. Para isso, ela contrata engenheiros, matemáticos, estatísticos e outros profissionais de exatas. O lugar lembra uma república ou um centro acadêmico. Jovens de todo tipo, alguns de bermuda, outros mais bem vestidos, dividem espaço com alguns cachorros que andam livremente pela casa. O ambiente é informal. Não há horário para entrar ou sair, na maioria dos casos. Mas os deadlines devem ser cumpridos religiosamente.

A empresa foi criada por ex-funcionários do Google. Marcamos de conversar com um deles, Marco Tulio Kehdi, COO e diretor de RH da Raccoon. Jovem, barba e cabelos negros, sem um fio branco, e camisa para fora da calça, Kehdi nunca seria confundido com um executivo da área de tecnologia. Ele é o típico "startupeiro", empreendedor por natureza, avesso a normas ultrapassadas e a hierarquias sem lógica. Para o empresário, a liberdade é um valor essencial e o conhecimento deve ser valorizado em sua plenitude. "Eu contrato pessoas inteligentes para elas me dizerem o que eu tenho de fazer, não para eu dizer o que elas têm de fazer", afirma, com a certeza e a assertividade típicas da juventude. Kehdi deixou o Google porque achava que não tinha liberdade suficiente para explorar todo seu potencial.

Pensei em todas as matérias que já escrevi sobre a cultura empreendedora do Google. Lembrei de todas as vezes que estive no escritório da empresa, localizado em um moderno prédio na Av. Faria Lima, em São Paulo. O ambiente ali também é informal. No café, um barista serve versões sofisticadas da bebida em canecas personalizadas, cujo design faz parecer que foram torcidas, detalhe singelo que tenta passar a ideia de despojamento. Os "googlers", como são chamados os funcionários da empresa, têm à disposição espaços para praticar o *mindfulness*, ou seja, meditar. Há salas de descompressão, poltronas para tirar um cochilo, jogos eletrônicos, enfim, uma série de estruturas voltadas a dar o máximo de conforto e liberdade para jovens talentosos e empreendedores. Nenhuma outra grande companhia é tão identificada com essa cultura *startup* quanto o Google.

Para Kehdi, não é o suficiente. No fundo, ele vê o gigante das buscas como uma empresa hierárquica, em que o cargo fala mais alto do que a ideia. A realidade é essa. O Google é uma empresa inovadora, porém sua estrutura corporativa foi construída com base no modelo atual de companhia, ou seja, está se tornando ultrapassada. Para quem tem 40 anos ou mais, pode parecer novo e moderno. O jovem de 25 anos, que sequer viu Romário ganhar a Copa de 94 e que está dando os primeiros passos no mercado de trabalho, no entanto, não vê tanta novidade. Esse jovem, assim como Kehdi, tem aspirações muito maiores do que arrumar um emprego em uma grande companhia, galgar posições até chegar à diretoria e, ao final da carreira, aposentar-se com um salário suficiente para pagar um bom plano de saúde. Essa juventude quer mudar o mundo.

Kehdi tem um pouco de dificuldade em definir o propósito da Raccoon. Quando instado a descrever o propósito da empresa, a assertividade que demonstra ao falar sobre seu método de trabalho dá lugar a frases mais genéricas, como "atuar sobre o problema e ajudar o cliente". Não importa. Ele sabe por que faz o que faz, sabe o que motiva jovens como ele a empreender, sabe que não vai encontrar o que quer no mercado de trabalho e sabe que deve trabalhar coletivamente, "cocriar" soluções em conjunto com seus funcionários, seus clientes, os clientes dos clientes e a sociedade. Não faz sentido gerar valor apenas para si ou ocupar uma posição de comando apenas para ter o prazer de comandar. Mas faz sentido contratar outro jovem, como ele, e, no primeiro dia, perguntar: "E aí, o que você acha que eu devo fazer?" "O principal conceito de inteligência, na minha visão, é a capacidade de aprendizagem rápida. Aqui, não existe essa história de 'é assim que funciona'. É assim hoje, amanhã não é mais. Quando alguém me vem com uma ideia nova, que eu nunca havia pensado, me sinto muito grato por estar trabalhando com gente tão inteligente. Eu tenho um apreço muito grande por isso", afirma Kehdi.

A Raccoon não precisou fazer uma transformação para se tornar uma empresa humanizada. Ela nasceu assim. Seus fundadores também não precisaram seguir um manual de como criar uma empresa humanizada. Esses valores são intrínsecos a suas personalidades. Os conceitos de compartilhar e colaborar são muito presentes nessa geração. Assim como a diversidade. Na Raccoon, o espaço é coletivo, mas cada um preserva sua individualidade no modo de vestir, de se expressar e exercer sua cidadania corporativa por meio do voto. Kehdi conta que as decisões que dizem respeito ao dia a dia dos colaboradores são tomadas por meio de plebiscitos. A empresa tem até um prefeito eleito, cuja função é promover melhorias no ambiente de trabalho e, para isso, conta com um orçamento pré-definido, que pode ser utilizado livremente. É ele que decide, em conjunto com seus eleitores, se é melhor instalar uma mesa de pingue-pongue ou uma chopeira no escritório (embora, segundo Kehdi, esse tipo de amenidade tenha pouco apelo eleitoral. O pessoal prefere projetos voltados ao conforto). A Raccoon encara esse desafio de atender as demandas das novas gerações de forma muito natural. Ela é capaz disso por ter sido criada com essa mentalidade. Consequentemente, a empresa será capaz de atrair e reter talentos mais facilmente.

Para empresas mais velhas, por maiores e melhores que sejam, isso sempre será um desafio. O Google, que tem seu negócio atrelado ao capital humano, terá dificuldade para girar a roda da inovação se as melhores cabeças da nova geração decidirem que a cultura "googler" não é adequada e, fatalmente, sucumbirá diante de um concorrente mais forte. Como, por sinal, o Google mesmo fez quando surgiu e deixou pelo caminho competidores muito maiores, graças à sua capacidade de inovar e atrair talentos. Não pense que Larry Page e Sergey Brin não sabem disso. Por exemplo, o método de contratação da companhia já mudou. O objetivo foi tornar o processo mais simples, com menos etapas, justamente para não afugentar essa nova geração que não suporta fazer coisas sem sentido. Se o Google sente que pode ter dificuldade para atrair talentos, imagine as outras grandes empresas.

ENTREVISTA COM
MARCO TULIO KEHDI
Fundador e COO da RACCOON

Assista a dois minutos dessa entrevista exclusiva através do QR Code ao lado ou acesse:

www.humanizadas.com.

Propósito: movimentar a economia

Os amigos Tiago Brandes, Celso Tonelli e Rafael Trapp se conheceram na faculdade. Cursaram Ciência da Computação na UDESC, de Joinville, em Santa Catarina. Formados, foram trabalhar na mesma empresa, a Linx, especialista em softwares para o varejo. A vontade de empreender surgiu logo depois. Os três compartilhavam o desejo de ser dono do próprio negócio. Faltava uma ideia.

A inspiração veio de dentro de casa. O pai de Tonelli, Afonso, atua como representante comercial, uma categoria extremamente importante para a economia brasileira, porém que nunca recebeu a devida atenção de governos ou do mercado B2B (*business to business*). O representante comercial é uma figura tipicamente brasileira. Ele existe para que os fabricantes possam navegar pelo complexo sistema tributário nacional, que dificulta ao máximo o movimento de mercadorias entre os estados. A singularidade do trabalho complica a tarefa de encontrar softwares adequados para fazer a gestão do negócio. O resultado é que os representantes comerciais sempre tiveram de contar com a própria organização e muita criatividade para gerenciar suas vendas. Sem as ferramentas adequadas, muitos profissionais acabavam deixando de explorar todo o seu potencial.

Os três amigos mergulharam de cabeça nos desafios de Afonso. Eles montaram um mapa de problemas e gargalos da operação e começaram a desenvolver um sistema para resolvê-los. Os principais desafios eram organizar os pedidos, estabelecer um histórico de vendas e apresentar os dados de maneira integrada, para permitir uma visão geral das condições do negócio. A mobilidade também se configurava como um aspecto importante. O representante gasta muito tempo para cadastrar pedidos, o que reduz a produtividade.

O desenvolvimento do sistema seguiu o modelo de tentativa e erro. Os três amigos programavam, Afonso testava as funcionalidades e dava um feedback. A produtividade começou a aumentar. As vendas ficaram mais rápidas. O representante comercial, que atua com 15 marcas de instrumentos musicais, passou a enxergar melhor o negócio. Com a visualização integrada dos dados, ele pode desenvolver novas estratégias, direcionar a maior parte do esforço para as áreas que realmente davam resultado e acelerar o processo de cadastramento de pedidos para não perder nenhuma venda. À medida que Afonso potencializava seu empreendimento, os amigos vislumbravam voos mais altos para o sistema que haviam desenvolvido.

Foi assim que nasceu a Mercos, uma plataforma de gestão voltada para fabricantes, distribuidores e representantes comerciais. Os amigos lançaram a empresa em 2010, inicialmente com o nome de Meus Pedidos. Em 2015, receberam um aporte de seis milhões de reais de um fundo de venture capital. Em 2018, quando atingiram a marca de 100 funcionários, mudaram o nome para Mercos. Nesses oito anos, eles atenderam mais de cinco mil clientes, cadastraram mais de 25 mil usuários na plataforma e movimentaram mais de 20 bilhões de reais em vendas.

Tiago, Rafael e Celso não são *millennials*, mas fazem parte de uma nova geração de empreendedores que entende os negócios de uma forma diferente. Eles não pensavam em dinheiro quando decidiram sair do emprego e perseguir o sonho de ter a própria empresa. O que os motivava era a vontade de resolver problemas. Eles queriam utilizar o conhecimento de programação para desenvolver soluções e ajudar outros empreendedores a crescer. "Nós não tínhamos um sonho grande, uma ambição de causar impacto no mundo. Nosso desejo era ser dono do próprio nariz", afirma Tiago. Mesmo sem ter consciência disso, eles criaram um negócio com um propósito nobre: movimentar a economia brasileira.

Hoje, a Mercos tem a ambição de chegar a 60 bilhões de reais em movimentação de vendas. É esse objetivo, e não o lucro, que move a empresa. Para atingir a meta, eles sabem que precisam ajudar seus clientes a vender mais. Toda operação da Mercos é voltada para criar soluções capazes de potencializar o negócio dos outros. Há um claro entendimento de que, para prosperar, a empresa precisa fazer os parceiros prosperarem. Pensar assim é algo natural para eles, que não imaginam como fazer de outra forma.

Esse é um aspecto importante dos novos tempos. As gerações mais velhas precisam embarcar em uma jornada de autoconhecimento e de transformação para se enquadrarem nessa nova realidade, enquanto os mais jovens lidam com a questão de forma quase intuitiva. Não é por acaso que existe esse choque de culturas dentro das empresas e que, para muitos, as novas gerações são formadas por gente mimada e que reclama muito. Na realidade, há uma

AS NOVAS GERAÇÕES DE EMPREENDEDORES 151

grande mudança em curso, no mundo, que promete não somente alterar as relações de trabalho e de negócio, mas também o consumo. Quem insistir em modelos ultrapassados ficará de fora.

ENTREVISTA COM
TIAGO BRANDES
CEO da Mercos

Assista a dois minutos dessa entrevista exclusiva através do QR Code ao lado ou acesse:

www.humanizadas.com.

"Um dia ainda vamos sentir saudades dos bons tempos do automóvel e das autoestradas."

- Marshal McLuhan

22
UM MUNDO EM TRANSFORMAÇÃO

Ilan Mihov é reitor da INSEAD (Instituto Europeu de Administração de Empresas), instituição de ensino francesa responsável por um dos três melhores MBAs do mundo, ao lado das americanas Stanford e Harvard. Nascido na Bulgária e radicado em Cingapura, onde a escola mantém uma de suas principais unidades, Mihov defende uma mudança importante na educação de negócios: a inclusão de uma área de estudos voltada para as relações entre empresas e a sociedade. O motivo é que o mundo mudou e navegar por essa nova realidade com métodos antigos é a receita para o fracasso. Isso vale tanto para empresas, quanto para governos e instituições de ensino. Para Mihov, as normas que regem a atividade empresarial não estão escritas na pedra, nem são atribuições divinas. Elas sempre se transformam.

Até os anos 1960, por exemplo, as principais escolas econômicas, incluindo a própria Insead, não aceitavam mulheres nos cursos de negócios. Essa era a norma. Hoje, nos parece ridículo, ou mesmo estúpido, manter metade da população fora do mercado de trabalho simplesmente por ter nascido com uma vagina, e não um pênis. Da mesma forma, daqui a 20 anos, seremos analisados sob novas perspectivas. As pessoas irão olhar para trás e perguntar como nós achávamos que concentrar a riqueza nas mãos de um pequeno número de pessoas e destruir o meio ambiente nesse processo podiam ser consideradas estratégias empresariais viáveis.

Mark Twain (1835-1910), um dos maiores escritores norte-americanos, dizia que os radicais inventam as ideias. Quando já as esgotaram de tanto uso, os conservadores as adotam. Pode parecer radical falar em mudar toda a lógica do mundo dos negócios e romper com normas e padrões consolidados há décadas. Mas não é o que acontece atualmente. As normas já foram alteradas, só não percebe quem não quer. Insistir na ideia de que as empresas existem apenas para dar lucro não é conservadorismo, é atraso. As organizações que não se enquadrarem no novo padrão de comportamento perderão acesso a recursos financeiros e humanos.

Uma prova disso é a carta do The Business Roundtable, já citada em um capítulo anterior. O impacto de sua publicação é imenso. Nosso amigo Carlos Bremer, radicado nos Estados Unidos, diz que, hoje, nas rodas de conversa dos executivos norte-americanos, posicionar-se contra a visão de que os negócios devem gerar valor para todos os *stakeholders* é como dizer que a terra é plana — embora ainda existam focos de resistência em ambos os casos. Mudar, portanto, não é uma questão de radicalismo, mas de sobrevivência.

Por esse motivo, companhias centenárias se engajam nesse novo modelo de gestão. A Klabin é um exemplo. Como foi retratado em capítulos anteriores, a fabricante de papel e celulose, pioneira do industrialismo brasileiro, embarca em uma jornada de mudanças profundas. "Não é o momento para ser conservador", afirma Horácio Lafer Piva, presidente do conselho da empresa, uma das lideranças mais importantes do empresariado brasileiro das últimas décadas. A Klabin não está sozinha. Gigantes brasileiras como Gerdau, Bradesco, Itaú e Votorantim também embarcam em jornadas transformadoras, cujo objetivo é alinhar a companhia aos novos tempos.

A família Diniz, nome intrinsecamente associado ao mundo dos negócios brasileiro, também se coloca na vanguarda desse movimento. Abilio Diniz, o grande empresário que transformou o Pão de Açúcar na maior potência do varejo nacional, há tempos está envolvido com o Capitalismo Consciente e foi responsável por trazer o professor Sisodia ao Brasil pela primeira vez. No entanto, quem está à frente do projeto mais revolucionário do clã Diniz é seu filho Pedro Paulo.

A revolução da Toca

Pedro Paulo Diniz é um nome conhecido mundialmente. Pedro sempre buscou seu próprio caminho. Jovem, enveredou-se pelas corridas de carro. Chegou à mais importante categoria do automobilismo mundial, a Fórmula 1, campeonato que disputou por seis anos, entre 1993 e 1999. Nessa época, ele desfrutou dos maiores luxos que o dinheiro pode oferecer. Morou em Mônaco, frequentou as altas rodas e namorou algumas das mulheres mais cobiçadas do mundo, como a top Naomi Campbell e a apresentadora Fernanda Lima. Ao deixar as pistas, entrou para o mundo dos negócios. Formado na prestigiosa London School of Economics, Pedro não teve dificuldades para encontrar parceiros. Teve como sócio, por exemplo, o piloto Alain Prost e a montadora Renault, em projetos que envolviam o mundo dos motores. Chegou até a vender equipamentos para piscinas.

Em 2003, tudo mudou. Sob influência da ex-mulher, Tatiane Floresti, Pedro entrou em contato com uma nova espiritualidade. Passou a praticar ioga e a meditar. Na mesma época, assistiu ao documentário *Uma Verdade Inconveniente*, produzido pelo ex-vice-presidente norte-americano Al Gore. Algo começava a incomodar aquele *playboy* acostumado à boa vida. Ganhar mais dinheiro não fazia mais sentido. Carros velozes, mulheres lindas, badalação, lugares paradisíacos, tudo isso era parte do cotidiano de Pedro. Mas nem mesmos as maiores benesses proporcionadas pelo capitalismo preenchiam o vazio existencial que tomava conta de sua alma. Faltava um propósito.

Naquele ano, Pedro se mudou com a família para a Fazenda da Toca, uma propriedade de veraneio dos Diniz, localizada na pequena Itirapina, cidade de 16 mil habitantes no interior de São Paulo. Nos 2.300 hectares da propriedade ele passou a cultivar alimentos orgânicos. A motivação inicial para a atividade era espiritual. Diniz buscava um sentido para a vida, queria encontrar uma atividade capaz de trazer retorno à sociedade. A agricultura o atraiu pela conectividade com a terra, especialmente a produção livre de agrotóxicos (ou defensivos, como a indústria prefere chamar) e regenerativa. Em pouco tempo, seu tino comercial falou mais alto. O empresário viu na produção de alimentos saudáveis um nicho cada vez mais atrativo para investimentos. Assim nasceu a Fazenda da Toca.

A Toca se intitula como um polo de produção orgânica em larga escala. Atualmente, são quatro grandes operações agropecuárias: avicultura, leite, grãos e agroflorestas. A primeira é tocada com gestão própria e as demais, em sistemas de parcerias. Mas os planos de Diniz são muito mais ambiciosos. Sua missão é tornar a agricultura orgânica tão competitiva quanto a tradicional, que utiliza agrotóxicos. Para isso, ele aposta em novas técnicas de cultivo baseadas na ideia de emular a perfeita harmonia da natureza pela mistura de diferentes espécies em um mesmo plantio, de forma a deixar uma cuidando da outra, como um ecossistema. Pragas, segundo os engenheiros agrônomos da fazenda, são sinais de algum "desbalanceamento". A monocultura permite a produção em larga escala, porém desfaz as proteções naturais presentes em uma floresta. Se for possível criar uma maneira de replicar essas proteção e, ao mesmo tempo, controlar o ciclo orgânico de cultivo, o resultado será uma forma de plantar em larga escala sem recorrer a venenos e adubos artificiais. "Nosso sonho é que o Brasil, com essa imensa vocação agrícola, seja o maior produtor orgânico do mundo", afirma Fernando Bicaletto, diretor executivo da Fazenda da Toca.

O Brasil não é o maior produtor de orgânicos do mundo. Esse setor movimenta quase 100 bilhões de dólares por ano, globalmente, com um crescimento médio de 15%. No Brasil, as vendas de produtos orgânicos somaram quatro bilhões de reais em 2018, 20% maiores em comparação ao ano anterior. Segundo Bicaletto, ao contrário do que muita gente pensa, inclusive no agronegócio, é possível alimentar o mundo apenas com orgânicos. "A maior parte dos alimentos consumidos por nós vem de pequenos produtores", diz ele. É um sonho, obviamente. A humanidade está muito longe de abandonar os agrotóxicos, ainda mais considerando o aumento populacional ao qual seremos submetidos em um futuro próximo — devemos saltar de menos de sete bilhões para cerca de 10 bilhões de habitantes no planeta, em algumas dezenas de anos. Mas a Fazenda da Toca foi pensada por um idealista e atraiu outros idealistas dispostos a alimentar esse sonho. "Temos profissionais aqui de diversas áreas, com experiência em multinacionais, que enxergaram um sentido no nosso empreendimento que vai além da questão financeira. Trabalho existe em todo lugar, mas poder unir o trabalho com o propósito, é algo muito bacana", define Bicaletto.

As experiências na Fazenda da Toca deram origem a outro empreendimento, bem mais audacioso. Em 2018, Pedro Paulo Diniz criou a Rizoma, empresa de investimentos especializada no arrendamento de terras para o plantio de grãos, especialmente soja e milho. Em sua primeira captação, a Rizoma planejava levantar entre 150 e 200 milhões de reais. O modelo difere da Fazenda pela escala. De acordo com Pedro, as árvores frutíferas e os ovos, apesar de serem bons negócios, não configuram um mercado de porte suficiente para gerar as mudanças sistêmicas almejadas por ele. Para realmente causar um impacto, é necessário entrar no grande filão da agricultura: os grãos. A meta da empresa era atingir uma área de cultivo de 10 a 15 mil hectares já na safra 2019-2020. Até 2030, o objetivo é alcançar 160 mil hectares arrendados.

Assim como a Toca, a Rizoma será focada na sustentabilidade. Mas o modelo pensado por Pedro e seus sócios, os empresários Marcelo Marzola e Fábio Sakamoto, é menos radical. O objetivo não é produzir orgânicos, e sim desenvolver um método de cultivo regenerativo. As fazendas arrendadas serão avaliadas sob aspectos como microclima, características do solo e a demanda do mercado. Para cada caso, será definido o sistema mais apropriado. Em determinadas circunstâncias, o uso de agrotóxicos pode ser liberado, no limite da natureza. Há um entendimento de que a produção agrícola se encontra em uma fase de transição. Até o desenvolvimento completo do novo modelo, alguns subterfúgios químicos se fazem necessários. O futuro vislumbrado, no entanto, não contempla venenos de nenhuma espécie. Nessa próxima década, a estimativa de Pedro é de ver o Brasil chegar a um milhão de hectares de agricultura regenerativa.

> ENTREVISTA COM
> **FERNANDO BICALETTO**
> Diretor Executivo da Fazenda da Toca
>
> Assista a dois minutos dessa entrevista exclusiva através do QR Code ao lado ou acesse:
>
> www.humanizadas.com.

Mudar ou mudar

Klabin, Gerdau, Votorantim, Pão de Açúcar, entre outras, são organizações complexas, dependentes de modelos de negócio construídos nos tempos da segunda Revolução Industrial e fundadas em meio ao intrincado processo de construção do capitalismo nacional. Elas herdaram as feridas abertas pelos quatro séculos de escravidão no Brasil, conviveram com as idas e vindas da democracia e construíram relações com o poder público que as permitiram sobreviver às inúmeras crises econômicas e a uma profusão de planos econômicos mirabolantes. Após a redemocratização, quando as lógicas de mercado passaram a ditar as regras da atividade empresarial, viabilizando a chegada de um volume inédito de capital estrangeiro, elas se modernizaram e se internacionalizaram. Em oposição a suas inequívocas histórias de sucesso econômico e financeiro, essas mesmas empresas decidiram, conscientemente, relevar certos aspectos de suas atuações e problemas históricos da sociedade brasileira, como a desigualdade e a destruição do meio ambiente.

Hoje, como companhias globais, elas são obrigadas a enfrentar os esqueletos em seus armários. Externalidades antes ignoradas começam a cobrar sua conta. Há alguns anos, o Brasil viveu uma crise hídrica gravíssima. Na região de Campinas, multinacionais que há décadas produziam sem grandes sobressaltos tiveram de parar as atividades por falta d'água. O prejuízo foi grande. Não por acaso, Ambev, Coca-Cola e Pepsico, as maiores empresas de bebidas do país e concorrentes ferozes, uniram-se em um projeto de revitalização de nascentes e preservação das fontes de água potável. O risco de enfrentarem escassez de um recurso sem o qual não há a mínima condição de produzir é real e imediato.

A desigualdade também cobra sua conta. Para além das páginas policiais, os 60 mil assassinatos por ano indicam problemas estruturais na sociedade. Há poucos com muito e muitos com pouco. Esse caos social impede o país de explorar a totalidade de seu capital humano, o que trava o desenvolvimento. Como foi demonstrado, a exploração pura e simples de recursos naturais não é mais uma opção viável economicamente em virtude da crise climática que vivemos, uma consequência do aquecimento global. O apelo de Greta Thumberg deve ser entendido como uma chamada a um novo modelo de desenvolvimento, baseado em recursos renováveis e em novas tecnologias. Para isso, não precisamos de petróleo e minério. Precisamos de pessoas em universidades e centros de pesquisa. Precisamos de empreendedores que tragam soluções para os problemas da sociedade e de empresas que atendam às necessidades de todos os *stakeholders*. As metas devem ser coerentes com os Objetivos de Desenvolvimento Sustentável (ODS) e não orientadas apenas aos interesses dos acionistas. Nessa nova era de desenvolvimento, o crescimento econômico só virá com transformações profundas na gestão dos negócios, com o aumento na capacidade de gerar conhecimento e inovação e com um consequente aumento da produtividade. Para isso, precisamos de capital humano. Um país que mantém quase um terço da população à margem da civilização, e outra grande parte em uma condição de subsistência, portanto, desperdiça sua maior riqueza.

Precisamos enfrentar os dilemas do capitalismo. O sistema mais bem-sucedido da história tem seus problemas e, diante da continuidade de certas aflições na sociedade, alguns insistem em culpá-lo pelas mazelas. Se assim o fazem, no entanto, ignoram os inúmeros avanços proporcionados pelo capitalismo, no Brasil e no mundo, como a diminuição da pobreza e das guerras entre países, o aumento da expectativa de vida e da liberdade. A pergunta a se fazer, então, é que tipo de capitalismo queremos para o futuro. Essa é a questão mais importante que as lideranças enfrentam atualmente.

As novas gerações impõem a essas lideranças um desafio adicional. Em um momento em que a inovação e a geração de conhecimento se tornam cada vez mais necessárias, as estruturas corporativas se mostram inadequadas diante das expectativas dos jovens a entrar no mercado de trabalho. Grandes companhias correm o risco de se serem preteridas pelos melhores profissionais. Com o tempo, a tendência é perderem competitividade pela falta de capital humano. As melhores cabeças das novas gerações, por sinal, sequer se candidatam em processos seletivos. Preferem empreender ou criar *startups* nas quais terão oportunidade de ter um impacto maior no mundo e criar um legado.

Para não perderem o trem do desenvolvimento, as empresas precisam se engajar em jornadas de transformação. Não é uma tarefa fácil. O processo de descobrir seu propósito se assemelha a uma terapia. O caso da Jacto ilustra esse desafio. Trata-se de uma empresa familiar radicada no interior do país, uma combinação de características que costuma não dar muito certo. Ao resgatar os princípios e valores de seu fundador, no entanto, ela é capaz de estabelecer uma grande união entre as pessoas, tanto na empresa, quanto na família. O resultado é uma companhia capaz de se renovar sem perder a conexão com o que é realmente importante, ou seja, seu propósito.

Adicionalmente ao desafio de remodelar as estruturas corporativas para reter os talentos dentro de casa, as empresas enfrentam transformações profundas na forma de consumir. Em tempos de pós-verdade, em que as emoções falam mais do que os fatos, os consumidores demandam autenticidade e transparência. As pessoas estão preocupadas com a origem do que consomem, com as externalidades dos negócios e querem dar um sentido ao ato de consumir. Isso exige das companhias um diálogo constante com o consumidor e a capacidade de mudar rapidamente. Fernando Sigal, o Nandão, um dos fundadores da Reserva, resume esse processo em uma expressão: hackers de si mesmos.

É preciso entender, no entanto, que cada empresa está em um ponto diferente de sua jornada. *Startups*, como Raccoon, Elo7 e Mercos, nasceram nesse novo mundo. Para seus criadores, jovens na casa dos trinta e poucos anos, atuar por propósito é algo natural. Grandes empresas, por outro lado, precisam se engajar em processos complexos. Nesse contexto, estão inseridas as iniciativas de renovação dos modelos de negócio, como o movimento Capitalismo Consciente e o Sistema B, entre outros, que guiam as organizações nessa jornada de autoconhecimento e transformação. Não acreditamos que essa transformação virá a partir do governo, mas a partir de negócios mais humanizados, conscientes, sustentáveis e inovadores. Mudar a forma de fazer negócios não é uma opção, é uma necessidade.

23 CURIOSIDADES DA PESQUISA

Conheça a partir dos números abaixo algumas curiosidades sobre a pesquisa Empresas Humanizadas do Brasil (1ª edição, 2018/19):

224% maior satisfação dos colaboradores das Humanizadas em comparação a empresas comuns	**239%** maior satisfação dos clientes das Humanizadas em comparação a empresas comuns	**132%** maior retorno sobre o investimento das Humanizadas em comparação às 500 maiores empresas do país
1.115 empresas avaliadas	**> 50%** do PIB na pesquisa	**900 mil** avaliações de consumidores
136 mil avaliações de colaboradores	**2.436** stakeholders ouvidos	**1.400** páginas de estudo de caso
141 indicadores avaliados	**22** empresas finalistas	**12** horas de gravação
5.226 Km rodados na pesquisa	**07** alunos de iniciação científica	**01** projeto de doutorado

Temos um material riquíssimo para compartilhar sobre práticas mais conscientes, humanizadas, sustentáveis e inovadoras de negócio. No site da pesquisa (www.humanizadas.com), você tem acesso a diferentes conteúdos, como:

» Relatório da Pesquisa com os resultados preliminares (1ª edição, 2018/19);

» Autoavaliação simples de sua empresa (totalmente gratuita);

» *Benchmarking* dos resultados de sua autoavaliação com o resultado das 22 EHBR;

» Possibilidade de indicar empresas para participar das próximas edições da pesquisa.

Com o tempo lançaremos novas avaliações, vídeos, artigos, jogos e muito mais no site.

24 OS BASTIDORES DA PESQUISA

A intenção deste capítulo é revelar um pouco dos bastidores da Pesquisa Empresas Humanizadas do Brasil. Para isso, separamos trechos de algumas conversas e comentários que merecem ser compartilhados. Todos os comentários são reais, apenas não identificaremos os respondentes e as empresas por uma questão de sigilo. Eles revelam múltiplas perspectivas para diferentes ângulos, sendo positivos e negativos, pontos fortes e oportunidades de melhoria, fatores críticos de sucesso e desafios de futuro. Alguns comentários são referentes às empresas humanizadas, e outros são de empresas comuns.

COMENTÁRIOS DO C-LEVEL

- Trabalhando em um mercado de pouco valor agregado, com concorrência forte e desleal, com clientes que só pensam em preço e um setor público que mais atrapalha que ajuda, fica difícil imaginar a implementação de valores e um propósito na empresa. Sempre fica a ideia de que isso é coisa para empresas de grande porte, ou que atuam em mercados de pouca concorrência, ou nichos, ou de alto valor agregado. Parece ser difícil ser o "bonzinho" dentro da guerra de mercado.

- Para nossa empresa, o ser humano sempre estará em primeiro lugar. De nada adianta o lucro, o sucesso, as vitórias, se não for para melhorar a vida do ser humano. Cuidar de pessoas é o nosso propósito e, para isso, temos valores muito claros e objetivos que norteiam nosso trabalho e nossas atitudes diárias. Desde o início da empresa, o esforço para unir novas tecnologias com custos acessíveis à necessidade das pessoas, é a nossa prioridade. Para isso, é necessário estar à frente do tempo: temos de inovar o tempo todo.

- Em nossa história, passamos por momentos difíceis, mas somos resilientes e sabemos que nada resiste ao trabalho: essa frase permeia a rotina da empresa e transmite todo o espírito das pessoas que aqui estão, quem acredita que trabalho árduo e comprometido sempre irá gerar bons resultados. Faça seu melhor, com amor e alegria e o resultado virá. Trabalhar com honestidade para nós é acreditar no futuro: como trabalhar em prol da vida se as relações que permeiam esse trabalho não forem éticas? Respeitar e manter a transparência, a honestidade, o entusiasmo e a verdade nas relações com todos os *stakeholders* é e sempre será a luta incansável desta empresa. Acreditamos que a ética é a base para a construção de relações mais justas e equilibradas.

- O lucro é indispensável para qualquer organização e gerar empregos é uma honra para nossa empresa. Porém, o equilíbrio entre geração de lucro e emprego é primordial para a perenidade do negócio. Prezamos a saúde da empresa, e a valorização de talentos, de forma que a manutenção da estrutura empresarial seja garantida de forma consciente e duradoura.

- Na minha visão, falta-nos leveza no trato das questões do dia a dia, o que transforma uma jornada que tem tudo para ser divertida – ainda que lidando com assuntos sérios – em algo tenso, onde se permanece em constante prontidão para o pior.

- Temos um grande desafio para aumentar o senso de urgência, eficiência e autonomia, sem perder o equilíbrio humano.

- Sinto que um dos principais pilares a serem desenvolvidos daqui para a frente é nossa conexão com a comunidade onde estamos inseridos. Já iniciamos o trabalho nesse sentido, mas pode ser muito intensificado.

- É impressionante a busca incessante pelo bem-estar da população, especialmente desvinculado com eventuais impactos financeiros. Esses não estão em primeiro plano.

- Esta empresa nos faz acreditar todo o tempo na capacidade de transformar, de realizar, mesmo com todas as adversidades que o país vive. A crença de que tudo pode ser melhor nos move.

- Passamos por uma profunda crise entre 2009 e 2011, na qual vimos a empresa decrescer de maneira dramática por conta da dependência de poucos clientes. Sobrevivemos à crise, fizemos o dever de casa, aumentamos nossa base de clientes e, agora, estamos crescendo de maneira sustentável.

- Acho que nosso caso mais emblemático é o Claudemir. Ele era técnico de eletrônica e veio instalar uma porta de segurança aqui. Viu o pessoal e perguntou o que aquela empresa fazia que o pessoal era tão feliz. O pessoal respondeu: eles desenvolvem software. Ele ficou tão impactado que resolveu fazer Análise de Sistemas. Na faculdade, ele viu que tínhamos aberto vagas de estágio e não pensou duas vezes, candidatou-se e passou. Inclusive, optou por ganhar menos na época para ser estagiário. Hoje, é um dos nossos testadores mais produtivos.

- Todos os dias me surpreendo com a empresa. As fusões que vivemos nos últimos anos revelam que esta é uma companhia séria, respeitosa, na qual podemos acreditar. Tem um eixo de valores irretocáveis. A postura dos acionistas e a visão de longo prazo me inspiram a permanecer aqui por muitos anos.

- Tive inúmeras experiências que me surpreenderam aqui. Mas a cada desafio, o poder coletivo de montar uma estratégia, conseguir vencer o desafio e gerar aprendizados para todos é uma coisa que realmente me surpreende. Estamos trabalhando em um propósito que ajuda a movimentar a economia do nosso país! E, com a melhora da economia, toda a população tem oportunidade de melhorar suas vidas! Sim, trabalhamos para poder ajudar a melhorar a vida das pessoas!!!

- Nosso último *team building*, no qual reforçamos nosso propósito, a forma como foi recebido pelo time foi sensacional. Nos mostrando que estamos no caminho certo.

- Acredito que os principais desafios sejam trazer soluções inovadoras dentro do que o cliente quer e deseja, não o que imaginamos que o cliente quer (ex.: não adianta entregar uma tecnologia muito complexa se o cliente está buscando algo simples). Também precisamos despertar a paixão dos colaboradores que encontrei quando aqui cheguei (as pessoas estão desanimadas), e instigar a companhia a trabalhar em regime de cooperação entre as áreas, pois nem sempre há colaboração.

- Acredito e vejo acontecer nosso propósito. Verdadeiramente cuidamos de pessoas. Cuidamos de quem está aqui, de quem usa nossos produtos, de nossos parceiros e demais *stakeholders* pois trabalhamos com ética, transparência, honestidade, compromisso e competência.

- Temos aqui uma instituição integralmente comprometida com o bem-estar da população e da sociedade em todos os âmbitos (público interno e externo). Tomamos ações constantes com a preocupação de buscar uma sociedade mais evoluída e saudável.

- O trabalho e o relacionamento com as áreas e pessoas é muito legal. Pelo lado negativo, pesa a falta de flexibilidade nos horários, excesso de regras e baixa autonomia na tomada de decisões.

- Estou em uma organização na qual eu sempre quis trabalhar. O compromisso com o desenvolvimento de todos os colaboradores é uma coisa que eu nunca havia visto antes. Realmente, aqui tenho a possibilidade de me desenvolver para ser o profissional que sempre almejei.

- Acho que estamos desorganizados. É muito triste ver uma empresa tão pujante neste nível de desorganização. A atividade é uma das mais promissoras, a empresa aberta na bolsa de valores, o setor de atuação com muita atividade econômica, uma empresa "gostosa" para se trabalhar, mas não estamos conseguindo nos organizar nas coisas mais básicas.

COMENTÁRIOS DOS COLABORADORES

- Espero que a empresa melhore em alguns dos aspectos citados para que aumente cada vez mais seu mercado mantendo a qualidade e o compromisso que têm citados em seus valores. Que seja uma empresa de oportunidades e inovação investindo em seus funcionários para crescerem dentro da empresa.

- Os senhores verão que temos orgulho de estar nessa empresa e esse orgulho vai muito além do salário. Não fazemos apenas parte da empresa, nós somos a empresa, e nada nos traz mais satisfação do que ver muitos clientes satisfeitos por tê-los feito muito bem.

- Alta liderança admirável, que permite com que os profissionais tenham orgulho de ser parceiros, acessibilidade aos diretores, CEO, vice-presidente e presidente. Existe hierarquia, porém os profissionais são acessíveis e valorizam a fala dos profissionais.

- A nossa empresa na minha opinião é uma instituição visionária, investe na infraestrutura, no conhecimento e educação, ganhando público e confiança. E essa condição que vem ocorrendo é muito positiva, queremos ganhar quantidade de serviços, sem perder qualidade, e manter a qualidade é um ponto importante para estarmos atentos.

- A liderança deveria considerar outras fontes de felicidade para seus colaboradores, o trabalho é muito importante, mas não deve ser a única fonte de felicidade. Quando olho para a liderança em especial, vejo pessoas extenuadas, não satisfeitas com sua entrega – poderiam fazer mais e melhor se tivessem mais tempo e menos cobranças – e infelizes com suas vidas pessoais e constante falta de tempo para fazer qualquer coisa que não seja trabalho.

- A empresa é um excelente local para trabalhar, promove oportunidades de crescimento profissional e pessoal, cresce acima do mercado e consegue reinvestir no negócio. É líder de segmento. Orgulho de pertencer é o sentimento enquanto descrevo a empresa. Há oportunidades como qualquer organização, mas é possível enxergar iniciativa e vontade de continuar crescendo acima do mercado.

- Acho que a empresa tem um desafio imenso para os próximos anos. Gente querendo trabalhar aqui é o que não falta, porém a empresa precisa URGENTEMENTE rever as políticas com os funcionários, meritocracia e transparência. A decisão não deve ficar apenas no comitê executivo, porque quem realmente faz e entende está em outra ponta, a empresa precisa ter processos, se reinventar, abrir a mente! Se não, infelizmente, vai continuar com esse *turnover* gigante e prejudicar muito os que estão aqui a tempo.

- Além de focar os novos clientes e as novas tecnologias como já tem sido feito, é imprescindível o foco e atenção para com os funcionários. Sem eles (nós), a empresa não estaria no ponto em que está hoje.

- Falta na empresa maior colaboração entre as áreas. Valoriza-se muito cada equipe, o que acaba gerando times superengajados para os resultados cabíveis de cada área. Maior sinergia entre áreas é fundamental. Seria um acerto de rota, pois o potencial, recursos e tempo a empresa já possui.

- Enquanto houver barreira entre as contas/clientes, dificultando a circulação de pessoas e informações entre elas, a nossa empresa continuará limitada. Outro ponto, é preciso promover os funcionários internos (que merecem) em vez de simplesmente contratar o pessoal de fora, pois isso frustra e faz a empresa perder grandes talentos.

- Temos um potencial enorme e tem horas que esquecemos como somos capazes e como podemos ser eficientes, favorecendo novas oportunidades, novos clientes e mais casos de sucesso. Temos de arriscar mais também para poder sair desse ambiente onde temos muito a explorar e evoluir.

- Apesar de termos criado um ambiente naturalmente receptivo, sem muita pressão dos níveis superiores, a empresa ainda está se formalizando em uma filosofia nova de aproximação das pessoas (menos do negócio). Precisamos, portanto, reforçar essa mensagem nos níveis mais altos da cadeia organizacional. Eles valorizam os indivíduos e suas particularidades, mas deixam passar algumas coisas que acredito ser de ambientação cultural e choque de gerações – a geração atual tem baixa recepção a tolerância e abraça fortemente a bandeira do diverso.

- Sou muito feliz em participar do time. Tive muitas oportunidades que me fizeram crescer em curto período, e assim conseguir a confiança da empresa. Quero me desenvolver cada dia mais para que possa contribuir nos objetivos da empresa que investiu um dia em um estagiário.

- A empresa precisa tratar as questões críticas com mais seriedade e honestidade, não fazer somente paliativos para auditorias, mas realmente ser o que se apresenta para os clientes, tenho consciência das dificuldades do mercado competitivo, mas sem investimento e mudança cultural e organizacional, principalmente dos gestores e diretoria a longo prazo, a empresa não se sustenta competitivamente no mercado.

- Só gostaria que a alta direção buscasse conhecer mais a empresa, no sentido de entender os anseios e insatisfações dos colaboradores, pois eles têm uma visão muito macro da organização. Quais os reais problemas, quais as principais mudanças que devem ocorrer, como valorizar os colaboradores para que eles se sintam importantes? E procurar pessoas para assumir setores que sejam bem qualificadas e prontas para melhorar o processo.

- Várias coisas me deixam com esperanças sobre o futuro. Tem dias que muitas coisas me desmotivam como a forte hierarquia da diretoria. Acredito em que os diretores têm boas ideias que podem ser colocadas em prática se houver um bom crescimento da empresa.

- O engajamento das pessoas no dia a dia, e a emoção ao participarem de encontros com a alta liderança e o fundador da empresa, é algo realmente tocante. Vale também mencionar o fato de o hino nacional ser tocado antes de alguns fóruns e a crença da empresa no futuro do país.

- A sala de nutrição, espaço onde podemos esgotar o leite materno, que já foi premiada, foi instalada aqui de forma pioneira e só quem é mãe sabe o valor de poder esgotar o leite com higiene, calma e o que uma empresa que tem esse espaço significa.

- No grupo, é frequente que falemos de diversidade, políticas de inclusão, preocupações com questões socioambientais e com o futuro do nosso planeta, além de reforçar a importância do nosso papel nessa mudança como cidadãos, e não apenas como colaboradores.

- A participação nos processos de planejamento com um diálogo aberto com os acionistas, nos quais eles passam suas impressões sobre o futuro da empresa e da sociedade, é um processo muito rico que além de dar esperanças de um futuro próspero gera orgulho da visão dos acionistas.

- A preocupação real com os funcionários não serem apenas um número. Acreditar no potencial e envolvimento dos funcionários. Não conheço pessoas de atendimento que tenham acesso ao *home office*, isso me dá muita esperança de que é possível ser sempre mais humanizado e que o atendimento é e precisa ser humanizado.

- Em 2018, meu esposo descobriu que estava com câncer. Quando os diretores receberam a informação, todos me ligaram e se colocaram à disposição para me ajudar no que eu precisasse; buscaram seus contatos pessoais e nos levaram ao médico referência no Brasil nessa enfermidade. A empresa se ofereceu para apoiar (inclusive financeiramente) caso necessitasse fazer tratamento em outra cidade e me deu total flexibilidade de horários para acompanhar meu marido. Fiquei extremamente grata e emocionada.

- A empresa respira colaboração e isso surpreende todos os dias. As pessoas sempre param tudo o que estão fazendo para te ajudar em seu problema. Mesmo que isso signifique atrasar as próprias tarefas.

- Hoje em dia não vejo mais nada muito surpreendente, normalmente é mais do mesmo. No início, todos víamos isso, porém após vermos ideias serem deixadas de lado uma após a outra creio que isso nos desmotivou.

- O que já vivi aqui dentro que surpreendeu foi a condução de um consultor junto à alta direção na construção da visão da empresa escrita por todos os colaboradores, desde o chão de fábrica. O resultado disso foi um brilho nos olhos das pessoas ao se sentirem parte da construção do futuro da empresa e paixão para colocar em prática essa visão.

- Já vivenciei que há muita espiritualidade na organização, desde os acionistas até os gerentes, e isso traz esperança de mais harmonia, mesmo nas relações comerciais.

- Em um momento de dificuldade, houve um corte de funcionários, mas todos eles foram indicados para outras empresas conhecidas por serem bons lugares para se trabalhar. Dessa forma, ninguém ficou desempregado por muito tempo.

- Já tive várias experiências, mas a que mais me marcou foi em um momento de crise. O CEO da empresa nos expôs a situação de forma transparente e deu a cada um de nós a responsabilidade de juntos superamos o momento.

- A empresa sempre promove eventos culturais e sorteia ingressos para os funcionários, agora costumo ir à exibições e teatros com frequência. O que me surpreende é a capacidade de influenciarem decisões da empresa e de termos autonomia para tocar iniciativas. Sobre o futuro, a preocupação com a satisfação do cliente me deixa esperançosa, pois entregar serviços de qualidade significa simplificar a vida das pessoas. Além disso, acredito que a cultura de inovação contribua para a geração de empregos e igualdade social no Brasil.

- Na empresa, realmente temos liberdade e autonomia para desempenhar nosso trabalho. Os gestores confiam e aqui um analista pode apresentar um projeto diretamente para o presidente.

- O CEO consegue extrair lições positivas mesmo em momentos muito negativos. Recebo muito apoio para construir cenários novos e experimentar processos inovadores na busca de resultados incríveis.

- A nossa empresa é muito voltada para o humano e ações voluntárias. Pensamos no crescimento da empresa, mas queremos um crescimento sustentável e queremos fazer parte de algo maior. Hoje, temos uma ação social na qual pegamos doações de alimentos dos próprios colaboradores e ajudamos a fazer um jantar para aqueles que mais necessitam, os moradores de rua, e isso faz com que tenhamos ainda mais orgulho em trabalhar aqui, não pensamos só em nós e em nosso crescimento, mas olhamos para o próximo. Precisamos de mais empresas que olhem para o próximo.

- Transparência e visão compartilhada. Aqui, sabemos exatamente para aonde vamos e somos estimulados a opinar e questionar o direcionamento da empresa. Nunca vi algo assim nas outras empresas em que trabalhei e acho isso incrível, pois dá muita segurança de me manter por aqui e fazer planos para seguir carreira na empresa.

- A intensidade que as mudanças acontecem e como cada uma lhe traz uma experiência diferente. Mudanças de gestão e estratégias não são vistas como ruins, mas, sim, como desafios a serem encarados e superados.

- A empresa tem treinamentos constantemente, seja para se aperfeiçoar em uma área, ou para crescimento pessoal/profissional. Recentemente, houve um treinamento sobre carreira, o que me fez abrir meus olhos e ter mais gosto por procurar mais informações, estudar e crescer profissionalmente.

- O espírito de equipe e orgulho de pertencimento na empresa é extremamente forte, a sinergia entre toda a empresa é fascinante e contagiante. Sim, a experiência que vivenciei no evento da empresa, *team building*, foi algo sem comparações e serviu para reforçar todo o trabalho e espírito de equipe que possuímos na empresa.

- Já presenciei a execução da Semana da Diversidade organizada pelos próprios colaboradores. Várias palestras, rodas de conversa e atividades foram ministradas. Várias questões sociais foram abordadas, as minorias foram incentivadas a falar e isso mostra o quanto ainda vamos e podemos avançar como sociedade.

- A ajuda dos líderes para estagiários. Quando eu era estagiário, sentava em frente ao diretor de marketing e a atenção que ele me dava, para ensinar e tirar dúvidas, era sensacional. Também acho incrível como a organização incentiva o aprendizado, os cursos, as atividades fora do escritório que ajudam seus colaboradores e a comunidade.

- Vejo pessoas que trabalham da forma que querem todos os dias. Por exemplo, sou homem cis e não sou julgado quando quero vir trabalhar de vestido. Além de já ver pessoas sendo despedida por atitudes machistas e homofóbicas.

- A união do setor produtivo para ajudar outros colaboradores ou um bem maior. Ex: tivemos o caso de uma colaboradora que o filho se acidentou, e como o custo com o tratamento ficou alto, os próprios colaboradores se mobilizaram para arrecadar dinheiro para ajudar essa funcionária. Achei louvável a atitude, já que mesmo sem muito a oferecer as pessoas se dispõem.

COMENTÁRIOS DOS CLIENTES

- A satisfação com a empresa me permitiu expandir os negócios e permanecer há 10 anos no mercado, mesmo com a situação instável do país, porém existem pontos que devem ser aperfeiçoados para o melhor desenvolvimento de empresa/franqueado.

- Embora a empresa seja bastante estruturada na atualidade, a busca desenfreada pelo crescimento e expansão comercial tem gerado muito estresse no relacionamento com os clientes.

- A empresa olha para o cliente como um parceiro e desenvolve ações para que essa parceria cresça e se fortaleça.

- Empresa que trabalha para ser exemplo em sustentabilidade e inovações.

- Uma empresa diferenciada no mercado, íntegra e ética. Eles têm paixão pela evolução e comprometimento com os clientes. A empresa valoriza pessoas e as relações.

- Marca parceira e preocupada com a sustentabilidade com o negócios e suas relações com o público.

- Estabilidade operacional e confiabilidade na solução tecnológica. A inflexibilidade comercial é algo a se melhorar/desenvolver – o Brasil é um país instável/volátil e flexibilidade é um requerimento importante.

- O principal motivo é a grande parceria que eles se preocupam em ter conosco, sempre estando a nosso lado para nos auxiliar nos mais diversos temas.

- Trabalho com diversas plataformas e posso dizer que a deles é nota 10. Claro que sempre tem o que melhorar, mas eles constantemente lançam inovações e melhorias.

- As pessoas da empresa têm paixão pelo que fazem. Esse é o diferencial.

- O maior diferencial da empresa está na forma como ela se posiciona no mercado com uma visão de fornecer um produto de alta qualidade com preço justo para o maior número de pessoas possível, independentemente de classe social.

- O amor que a marca desperta em seus clientes, colaboradores e parceiros. Se diferencia por ser inovadora, produtiva e eficiente, mas sem perder o lado humano das relações e a consciência sustentável na preservação dos recursos naturais.

- Empresa que visa sempre a um futuro melhor e toma atitudes agora para concretizá-lo!

- Tem uma identidade própria que valoriza a natureza, o meio ambiente e o ser humano.

- Uma organização que busca o bem-estar e a boa experiência para todos os envolvidos.

- Uma empresa confiável, sólida, responsável, voltada para a excelência em todos seus processos e objetivos. Generosa e consciente de seu papel na sociedade e no desenvolvimento de um mundo melhor e mais bonito para essa e para as próximas gerações.

- Seu diferencial de ouvir a necessidade do próximo faz com que essa empresa seja potencial no mercado.

- Atendimento humanizado cria noção de comunidade.

- A oportunidade de fazer parte do conselho de franqueados. Sim, a proximidade com o dono, que compromete-se sempre em ter a transparência do negócio.

- São vários exemplos. São ações, realizações práticas de honestidade e trabalho no dia a dia. O que mais realiza é gerar empregos a um grande número de pessoas. Um trabalho honesto, digno e superdelicioso!

- A busca contínua em desenvolver e melhorar processos que reduzam os impactos ambientais no processo produtivo, nas embalagens, nos projetos das lojas, etc. Assim como o trabalho de preservação de áreas de vegetação nativa na mata atlântica e no cerrado. Tem também um projeto de logística reversa que incentiva o cliente final a devolver para a nossa lojas as embalagens vazias, que enviamos depois para as organizações de reciclagem.

- Preocupação com a sustentabilidade da empresa e de todos. No último evento de que participei, TUDO que foi utilizado era reciclável, o que reflete um esforço e uma preocupação enormes. Isso é impressionante!

- Não foi uma nem duas vezes, foram várias. Vi tanto colaboradores quanto franqueados serem ajudados sem a menor intenção de retorno. Foram ajudados simplesmente por serem humanos e para a empresa isso vem em primeiro lugar.

- Gosto particularmente dos eventos anuais com trocas de experiências, onde são convidados *keynote speakers* com muito conteúdo – geram reflexões.

- Vivenciei momentos com o fundador em que pude comprovar seus valores de respeito legítimo e fraternos para com as pessoas. Sua mais pura e verdadeira essência.

- Projetos sociais dão ferramentas e treinamentos para que a comunidade e associações possam se aperfeiçoar.

- Desde que nos tornamos clientes, deram todo apoio para que déssemos certo. Somos uma empresa pequena e, apesar de nossa diferença de porte, eles sempre apostaram em nossa empresa estando completamente disponível para nos ajudar no que for preciso. Em diversas situações nas quais realmente precisamos, tivemos o apoio deles, que foi fundamental para seguirmos em frente. Consideramos essa empresa nossa maior parceira.

- O trabalho e a receptividade que eles possuem conosco me surpreendeu muito quando iniciei o trabalho com a instituição. Como não sou da área de TI e minha função é auxiliar na coordenação dos projetos, os integrantes do grupo que atende a nossa empresa me deram muito suporte e vêm fazendo isso até hoje, o que nem sempre encontro em outros parceiros. Um ponto que vejo bem positivo sobre o futuro é a iniciativa que a empresa tem de realizar um curso de verão, selecionar estagiários e, ao longo do programa de estágio, dar oportunidade para os jovens iniciarem a carreira.

- O que mais me impacta é a forma humanizada das tratativas, flexibilidade e sempre estarem prontos para nos auxiliarem em situações "fora da curva".

- O diferencial: a paixão que os colaboradores têm em vestir a camisa da empresa.

- Trabalho com a empresa há mais de 11 anos e vejo que atualmente estamos passando pelo momento mais crítico do relacionamento. Infelizmente a empresa está abandonando o espírito que a fez crescer: a capacidade de conectar todo o material humano à vontade de fazer mais e melhor com muita alegria. Atualmente, temos como principal referência da empresa a busca pelo expansionismo comercial a qualquer custo.

- Somos apaixonados pela marca, pela sua história e por fazer parte dela.

- Temos muito orgulho de nossa parceria com eles e pessoalmente eu e todo nosso time somos embaixadores desta empresa devido a todo cuidado e carinho que eles têm por nossa empresa, nossos produtos e nosso time.

COMENTÁRIOS DOS FORNECEDORES

- Somos parceiros há mais de 20 anos, nesse período, mesmo enfrentando sérias dificuldades, nós crescemos juntos.

- Eles precisam utilizar como base metodologias que valorizam mais o ser humano e sua carreira do que prioritariamente os resultados de negócios, que são consequências naturais de bons relacionamentos humanos.

- Temos muito orgulho em sermos parceiros da empresa.

- Eles são um dos meus melhores clientes e para quem eu tenho orgulho de trabalhar.

- É bom participar da construção da história dessa empresa. Por tudo o que representa, pelo respeito com funcionários, fornecedores e clientes, por ser uma empresa com visão inovadora muito superior aos de seus concorrentes.

- Acredito muito nos valores da empresa que enxerga o fornecedor como parte importante no processo corporativo.

- Sinto-me orgulhoso pela oportunidade de dar minha opinião sobre essa empresa que tanto admiro. Seguramente, a história de sucesso deles vai perdurar por muitos anos!!! Parabéns!!!

- Incluir tecnologia sem perder a humanização, ter uma estrutura voltada para resultados e manter o alto nível de engajamento e satisfação de toda cadeia (funcionários, franqueados e fornecedores), inovar e expandir sem perder a identidade.

- Valorizar e reconhecer a capacidade dos colaboradores, manter-se à frente em desenvolvimentos de produtos, e continuar focando as responsabilidades social e ambiental.

- Transparência, integração com fornecedores e acesso a todos os níveis da empresa.

- Oferece produtos inovadores com qualidade e preço justo. Capacidade de inovação, qualidade e conhecimento do mercado.

- Todos os colaboradores da empresa, da produção à diretoria, agem na mesma frequência.

- A empresa está voltada à pesquisa e à ecoeficiência.

- Eles se preocupam com os valores das pessoas, e têm respeito ao meio ambiente.

- Empresa ética e com valores que transformam a vida das pessoas.

- Honestidade e competência do superintendente. Ética nos negócios, especialmente pelos gestores e superintendente. Alta qualificação dos trabalhadores.

- Acredito que falta ouvir mais as necessidades do cliente final. Temos muitas sugestões de melhoria recorrentes que precisam ser implementadas, e ainda não foram.

- A maior parte dos dirigentes são funcionários com muitos anos de empresa que cresceram nesta cultura e conhecem todo o processo de produção, fazendo com que a visão da empresa seja completa e tenha foco no longo prazo e perenidade dos negócios. Na minha opinião, os três fatores críticos do negócio são a confiança que os colaboradores têm na empresa, a inovação nos negócios e a qualidade dos produtos.

- Promoção de encontros para incentivar discussões sobre boas práticas de sustentabilidade e a estratégia do grupo relacionada a esse tema. Situações como essa motivam e geram um clima de expectativa muito grande em relação ao futuro.

- Em nosso relacionamento, sempre pudemos observar a preocupação de atitudes que viabilizem um mundo melhor, quanto a preservação da natureza, qualidade de vida etc.

- A transformação digital: o trabalho que vem sendo feito, no dia a dia, em todas as áreas por uma empresa inovadora, com valores fortes e não apenas na teoria, mas também com iniciativas práticas.

- O acolhimento é único em relação ao mercado. Kit boas vindas, café da manhã, equipe aguardando pela sua chegada. Pessoalmente tive uma experiência excelente.

- A empresa mudou nos últimos anos sem nunca deixar de valorizar e incentivar o público interno. É algo que chama atenção e deveria ser imitado – ética nas relações de trabalho e humanização.

- Em alguns momentos críticos, eles se colocam ao lado do fornecedor, trazendo um senso de compromisso e colaboração entre as empresas. Considero essa prática muito válida.

- A capacidade de resolver problemas utilizando somente recursos internos é um diferencial que surpreende. Também a maneira transparente como são conduzidos os negócios.

- Um ambiente descontraído que convida e estimula seus colaboradores e visitantes a dar o melhor de si de uma maneira responsável.

- Pontos positivos: boa abertura para diálogo, valorização e pelas ideias e soluções apresentadas, entendimento e reconhecimento da parceria estratégica. Ponto negativo: resistência na construção de projetos de médio e longo prazo, estabelecendo assim uma dinâmica imediatista.

- Eles são nossos clientes há muitos anos. A relação entre as empresas sempre foi pautada pela ética e transparência. No relacionamento entre a empresa e os demais parceiros comerciais, eles buscam, sempre, o respeito e a lisura nas práticas comerciais.

- Empresa íntegra, com profissionais sérios e comprometidos também com os fornecedores. Trabalham com organização e planejamento.

- Temos a oportunidade de conhecer a empresa há sete anos. Acompanhamos suas mudanças e sua evolução sem jamais perder o foco, sempre de modo a preservar a ética e a transparência em suas relações de negócios.

- Eles são um de nossos principais parceiros, trabalhamos juntos há mais de 20 anos. Temos uma relação de parceria de extremo respeito, confiança e comprometimento.

- É uma empresa admirável formada por uma cultura exemplar de profissionalismos e inovação e por pessoas éticas e capazes. O relacionamento conosco é muito respeitoso, correto e constrói sinergia com a nossa empresa.

- Temos orgulho em ter como cliente essa empresa. Uma organização inovadora, sempre alinhada com as boas práticas e que reconhece boas alianças estratégicas como fundamentais para seu crescimento.

- Parceria de negócios, fortalecimento de uma parceria que proporcione um crescimento para ambas as empresas; serviços integrados que possam gerar valor e comprometimento a seu negócio.

COMENTÁRIOS DAS ONGS PARCEIRAS

- A empresa é realmente admirável em muitos aspectos. Entendo que os pontos de melhoria para o negócio se encontram em aspectos deixados à margem nos últimos 30 anos como a sustentabilidade das operações, colaboradores, comunidade e fornecedores.

- Falta um maior entendimento em relação ao anseio dos colaboradores na melhoria da qualidade do trabalho e no estabelecimento de relações de maior confiança no comprometimento dos profissionais; há um ambiente de muita desconfiança.

- Estou satisfeito com a parceria na realização de eventos e acredito que podemos ampliar as atividades de divulgação das ações socioambientais da empresa.

- Acredito no propósito da empresa e do quanto ela está comprometida em transformar o mundo.

- É uma empresa parceria e com comprometimento com as questões ambientais.

- Empresa com atuação sólida e comprometida em relação ao meio ambiente.

- A preocupação real da empresa na criação de parcerias de longo prazo.

- Voltada para a inovação. Empresa responsável com seu entorno.

- Temos fácil acesso com a liderança.

- Foi uma excelente experiência o contato com eles! Aprendi que a empresa é engajada com a sociedade e preocupada com a sustentabilidade.

- É uma empresa séria e comprometida com o entorno, com equipes altamente qualificadas que trabalham diariamente para melhorar a qualidade de vida das comunidades em que a empresa está localizada. A liderança, entretanto, ainda não vê tanto valor nas ações da área de sustentabilidade, por mais que alguns vejam. Há ainda como aprimorar a gestão da empresa, dando o mesmo peso a resultados sociais e ambientais positivos, como se dá aos econômico-financeiros.

- O ambiente de trabalho é agradável, tenho liberdade para desempenhar minhas atividades diárias, bem como apoio ao projeto voluntário que conduzo dentro da empresa, o qual me traz realização, alegria e muito orgulho.

- A ação voluntária realizada no dia das mães em 2018 foi encantadora. Não pouparam esforços para realizar um trabalho muito bacana. Parabéns!

- É um excelente cliente. Vai fundo nos projetos que fazemos juntos, paga em dia. É verdadeiramente uma relação de parceria.

- Forte parceria com uma organização social com o fim de desenvolvimento de crianças e jovens.

- A agilidade na comunicação, generosidade, abertura para novos aprendizados, vocação para inovação, sinergia de princípios e autonomia dos grupos são o conjunto de motivos de satisfação.

- Sempre demonstrou muito interesse em nossa entidade, ajudando-nos a impactar ainda mais.

- Empresa com alto e rápido crescimento, e ao mesmo tempo preocupada com ações sociais.

25 CONHEÇA AS EMPRESAS HUMANIZADAS

Albert Einstein – Sociedade Beneficente Israelita Brasileira (SBIBAE)	
Ano de fundação	1955
Nacionalidade	Brasileira
Sede	São Paulo – SP
Segmento	Saúde/Serviços
Equipe	Mais de 10 mil colaboradores e médicos.
Destaque	Propósito, orientação para *stakeholders* e avaliação da sociedade.
Inspiração	Desde a sua origem, a instituição tem como intenção oferecer uma rede hospitalar de referência como forma de retribuir para a sociedade a receptividade da comunidade judaica pós-migração no Brasil.
Práticas de destaque	Encontros mensais de alinhamento da liderança. Ciclos de capacitação das lideranças a cada 18 meses, com base no planejamento estratégico.
	Desenvolvimento da Jornada de Experiência do Paciente alinhada à Experiência dos Clientes. Programas de cuidado com os colaboradores que vão desde atendimento médico, cuidado com a saúde mental até educação financeira.
	Prêmio Júlia Lima de Segurança do Paciente, que busca reconhecer ações voltadas à promoção da segurança do paciente, com resultados mensurados e passíveis de serem aplicadas em outras organizações.

BANCOOB	
Ano de fundação	1996
Nacionalidade	Brasileira
Sede	Brasília – DF
Segmento	Serviços financeiros
Equipe	200 a 999 colaboradores
Destaque	Orientação para *stakeholders*.
Inspiração	Desde sua concepção, o Bancoob vem estruturando um modelo de negócio integralizado, com o propósito de alavancar o cooperativismo brasileiro. Trata-se de um sistema que tem um objetivo em comum: diminuir as desigualdades sociais existentes nos municípios brasileiros por meio da democratização do acesso a produtos e serviços financeiros.
Práticas de destaque	Sistema de cooperativa bancária, buscando promover o crescimento dos cooperados, das empresas, das comunidades e da economia como um todo.
	A logomarca do Bancoob é um triângulo invertido, pois, na concepção do banco, o cooperado, que é a base do sistema, está acima de tudo dentro do sistema. Esse sistema é formado pela conexão de outros três triângulos, os quais representam os principais elementos do sistema – as singulares, as centrais e as entidades.
	O banco tem um projeto específico para apoiar o desenvolvimento dos jovens com acompanhamento de profissionais especializados em temas sensíveis como drogas, profissão, equilíbrio emocional, e vários outros.

CONHEÇA AS EMPRESAS HUMANIZADAS

O BOTICÁRIO	
Ano de fundação	1977
Nacionalidade	Brasileira
Sede	Curitiba – PR
Segmento	Beleza
Equipe	1.000 a 4.999 colaboradores.
Destaque	Orientação para *stakeholders*, avaliação de clientes e fornecedores.
Inspiração	O Boticário vem investindo na busca pela sustentabilidade em sua cadeia de valor, buscando envolver fornecedores, franqueados, consumidores, sociedade e meio ambiente. É um dos pioneiros em métodos alternativos para teste dos cosméticos – há mais de duas décadas não são realizados testes em animais no grupo.
Práticas de destaque	A empresa vem consistentemente traçando metas para um dia ter uma cadeia de valor sustentável, além de desenvolver iniciativas para conscientizar os consumidores sobre a importância de práticas de reciclar e reutilizar as embalagens após o uso (ex.: campanhas Sustenta Beauty, #botirecicla e #retornaberê, fomentando e incentivando o recolhimento de embalagens).
	Treinamento sobre vieses inconscientes: a empresa busca promover conscientização sobre preconceitos que temos de pessoas que têm perfis ou comportamentos diferentes dos nossos.
	Universidade de Beleza: são disponibilizados treinamento em vídeo com instruções e dicas para atender adequadamente consumidores com necessidades especiais. Além disso, a empresa utiliza adesivos com relevo em seus produtos, com a intenção de que deficientes visuais possam tocar os produtos e facilmente identificá-los.

BRAILE BIOMÉDICA	
Ano de fundação	1977
Nacionalidade	Brasileira
Sede	São José do Rio Preto – SP
Segmento	Produtos de saúde
Equipe	200 a 999 colaboradores
Destaque	Propósito, avaliação de clientes, fornecedores e sociedade.
Inspiração	O Dr. Domingo Braile, fundador da Braile, costuma dizer que criou a empresa com a intenção de "atender às necessidades não atendidas". A empresa é um avançado polo fabricante de produtos médico-cirúrgico-hospitalares, frutos da tecnologia integrada com áreas da Medicina. A criação da Braile Biomédica fez com que os preços do mercado e das concorrentes multinacionais se nivelasse, gerando impacto positivo para os pacientes e os hospitais.
Práticas de destaque	A empresa envolve diferentes *stakeholders* no processo de desenvolvimento de produtos, integrando médicos, clientes e até mesmo fornecedores. Essa integração da cadeia faz com que os *stakeholders* compartilhem um propósito em comum com a instituição.
	A empresa desenvolve produtos inovadores que impactam a vida de milhões de pessoas no mundo – por exemplo, a empresa desenvolveu uma prótese bovina para ser utilizada no coração com potencial de prolongar a vida de milhares de pacientes no mundo.
	A empresa preza pela felicidade e o bem-estar de seus colaboradores. São incentivados atividades e hobbies dentro da própria empresa, que vão desde preparações para competições de triathlon, desenvolvimento de novos conhecimentos, fomento ao empreendedorismo e a uma vida mais saudável.

CACAU SHOW	
Ano de fundação	1988
Nacionalidade	Brasileira
Sede	Itapevi – SP
Segmento	Varejo e alimentos
Equipe	5.000 a 9.999 colaboradores
Destaque	Ambiente inspirador e que contempla o desenvolvimento humano.
Inspiração	A Cacau Show busca ter uma distribuição de riqueza financeira equilibrada entre os seus *stakeholders* – por exemplo, a franqueadora absorve 15,5%, os franqueados 15%, fornecedores 32%, colaboradores 12,6%, sociedade e não recorrentes correspondem a 24,9%.
Práticas de destaque	A empresa tem uma infraestrutura toda pensada em criar a melhor experiência possível para os seus colaboradores. Os ambientes de aprendizado possuem design circular inovador, criando um espaço mais humano, orgânico e intimista. Dentro da empresa existem salão de beleza, espaços de descanso ao lado da produção, espaço de meditação, academia e até mesmo uma área para realizar *happy hours* dentro da própria empresa.
	A empresa tem a prática do "Pé na Loja", em que os funcionários vão até um de seus franqueados aprender sobre suas rotinas e sobre as reais necessidades dos clientes. Eles chegam a atender o cliente final para poder sentir melhor as suas verdadeiras necessidades.
	Existe o ritual "Gentileza gera gentileza" dentro da Cacau Show. Um diretor reconhece um colaborador de sua equipe com um vaso de flor, e ele tem a responsabilidade de, no dia seguinte, repassar o vaso para outro colaborador como uma ação de reconhecimento.

CIELO	
Ano de fundação	1995
Nacionalidade	Brasileira
Sede	Barueri – SP
Segmento	Tecnologia de informação e serviços financeiros
Equipe	1.000 a 4.999 colaboradores
Destaque	Capacidade de inovação e evolução digital alinhada a aspectos humanos.
Inspiração	A Cielo é uma inspiração em inovação e evolução digital. É uma das marcas mais valiosas da américa latina (presente no Top 50 LatAm Brands de 2017), e também uma das empresas brasileiras mais inovadoras do mundo (única brasileira presente no guia de inovação da Forbes em 2017).
Práticas de destaque	Universidade Cielo: a empresa desenvolveu uma plataforma aberta para ser utilizada por clientes, colaboradores e público em geral, disponibilizando materiais sobre negócios, liderança, sustentabilidade e finanças, de forma gratuita.
	A empresa adota práticas de sexta-feira curta, *home office*, horários flexíveis e *dress code* casual.
	A empresa busca engajar, seus colaboradores no "Movimento do Bem", abrindo espaço para a realização de ações voluntárias entre eles.

CONHEÇA AS EMPRESAS HUMANIZADAS

CLEAR SALE	
Ano de fundação	2001
Nacionalidade	Brasileira
Sede	São Paulo – SP
Segmento	Tecnologia de informação e serviços
Equipe	1.000 a 4.999 colaboradores
Destaque	Orientação para *stakeholders*, cultura e liderança consciente.
Inspiração	Pedro Chiamulera, ex-atleta olímpico, trouxe lições do esporte para o ambiente de negócios: "Quando você é atleta, não tem desculpa. Você tem que estar em seu melhor. Não tem desculpa no momento do tiro, assim como nos negócios, se a única coisa que você tem é a palavra, e não a cumpre, não tem como empreender."
Práticas de destaque	A empresa tem reuniões chamadas RODA, um momento para não só falar de trabalho, mas também para interagir com a nossa equipe focando nosso desenvolvimento humano com um todo.
	Existem aulas de teatro e de inglês, ambientes de descompressão (com ping-pong, videogame, academia, biblioteca), auxílio creche, *dress code* casual e informal, frutas frescas, café e chá todos os dias na empresa.
	Existe um ciclo de acolhida com a entrada de todo colaborador. Com este ciclo, o mesmo tem a oportunidade de conhecer os diretores da empresa logo no primeiro momento em que começam a trabalhar.

ELO 7	
Ano de fundação	2008
Nacionalidade	Brasileira
Sede	São Paulo – SP
Segmento	*Startup*/Tecnologia de Informação
Equipe	50 a 99 colaboradores
Destaque	Orientação para *stakeholders*, cultura e liderança consciente.
Inspiração	A empresa conecta um ecossistema de milhões de compradores e milhares de vendedores de produtos artesanais no Brasil. Pessoas apaixonadas por produtos criativos e únicos são conectadas, valorizando produtos autorais e artesanais de diferentes comunidades do Brasil.
Práticas de destaque	A empresa desenvolveu uma plataforma de comunicação online para gerenciamento das lojas que permite que os compradores e os vendedores tenham uma experiência única e simplificada.
	Promove inspirações e ações conjuntas que valorizam artesãos, artistas, designers e criativos para apresentarem seus produtos a milhares de pessoas.
	Os vendedores têm acesso a diversos artigos que abordam estratégias para manter os clientes satisfeitos, o que gera um ambiente cada vez mais confiável de compra e venda. Também são divulgadas aos clientes dicas de decoração para casa, festas, tendências de moda e muito mais.

FAZENDA DA TOCA	
Ano de fundação	1997
Nacionalidade	Brasileira
Sede	Itirapina – SP
Segmento	Alimentos e agricultura
Equipe	50 a 99 colaboradores
Destaque	Cuidado e capacidade de regeneração do meio ambiente.
Inspiração	O propósito da Fazenda da Toca é conectar e cocriar iniciativas que regenerem os sistemas, gerando valor para a sociedade e para o planeta. Sua vocação consiste em alimentar e regenerar a terra, o corpo e a alma, como uma solução possível para muitos dos desafios atuais da humanidade.
Práticas de destaque	A Fazenda da Toca é a primeira fazenda do Brasil com produção de orgânicos em larga escala utilizando o conceito agroflorestal – fazer agrofloresta é compreender a natureza, contemplá-la e trazer os seus princípios para a agricultura. A intenção é aproximar a agricultura da natureza. E nesse processo, o ser humano é o fator dinamizador.
	A Fazenda tem como sonho tornar o Brasil um dos maiores produtores de orgânicos do mundo, formando uma grande comunidade regenerativa. Para que isso aconteça, são disponibilizados materiais e cursos frequentes com a intenção de instruir os pequenos agricultores do país.
	A Fazenda passou a ser modelo de sustentabilidade em sua gestão, a qual se baseia na implementação de SAFs – tornando possível produzir alimentos altamente saudáveis e, simultaneamente, regenerar o solo e a biodiversidade.

JOHNSON & JOHNSON	
Ano de fundação	1886
Nacionalidade	Norte-americana
Sede no Brasil	São Paulo – SP
Segmento	Produtos de saúde
Equipe	Mais de 10.000 colaboradores
Destaque	Avaliação de clientes, fornecedores, sociedade e investidores.
Inspiração	Em 1943, um dos membros da família que fundou a J&J, criou um credo, o qual "desafia-nos a colocar as necessidades e o bem-estar das pessoas às quais servimos em primeiro lugar". Esse credo continua sendo a orientação do comportamento das pessoas da J&J até hoje.
Práticas de destaque	Women's Leadership Inclusion: esse programa existe há mais de 20 anos dentro da J&J, e busca promover ações de empoderamento feminino dentro da própria empresa.
	A empresa é pioneira em ações envolvendo saúde e segurança no trabalho: a J&J criou a Comissão Interna para Prevenção de Acidentes de Trabalho (CIPA) antes mesmo de sua obrigatoriedade por lei, e também foi a fundadora da Associação Brasileira de Prevenção de Acidentes (ABPA).
	Existem programas específicos para o desenvolvimento humano dentro da organização em quatro quadrantes: espiritual, mental, físico e emocional.

GRUPO JACTO	
Ano de fundação	1948
Nacionalidade	Brasileira
Sede no Brasil	Pompeia – SP
Segmento	Máquinas agrícolas
Equipe	1.000 a 4.999 colaboradores
Destaque	Avaliação de clientes, colaboradores, fornecedores, sociedade e investidores.
Inspiração	A história da Jacto se integra com a história da cidade de Pompeia, no interior de São Paulo. É incrível ver o impacto que uma empresa pode ter em uma sociedade, assim como é incrível ver o impacto que um fundador, no caso Shunji Nishimura, pode ter na vida das pessoas. "Ninguém cresce sozinho" e "é preciso, sempre, semear mais vida", são apenas alguns dos ensinamentos do fundador que continuam sendo perpetuados pelos colaboradores da Jacto até os dias atuais, mesmo após seu falecimento em 2010.
Práticas de destaque	Com a intenção de retribuir ao Brasil um pouco do que foi oferecido ao Shunji Nishimura, foram criados a Fundação Shunji Nishimura, o Colégio Técnico Shunji Nishimura, o Colégio Shunji Nishimura, um museu e a Escola Profissionalizante Chieko Nishimura. Já são milhares de alunos formados na filosofia Nishimura.
	Bumpunku: conceito criado pelo autor japonês Koda Rohan, representando o compartilhamento da felicidade. A Jacto busca através desse conceito se manter presente na vida de seus colaboradores através da alegria em reportar vitórias e compartilhar conquistas.
	Árvore da cidadania: programa que nasceu em 2008 para apoiar iniciativas sociais dos colaboradores e seus familiares. Atividades voltadas a benefícios à comunidade, onde qualquer pessoa pode levar uma ideia até o voluntariado, e a mesma receberá orientação e apoio para ser implementada.

KLABIN	
Ano de fundação	1899
Nacionalidade	Brasileira
Sede no Brasil	São Paulo – SP
Segmento	Papel e produtos florestais
Equipe	Mais de 10.000 colaboradores
Destaque	Práticas de sustentabilidade, avaliação de fornecedores e sociedade.
Inspiração	A Klabin é praticamente uma floresta. A partir desse conceito, a responsabilidade ambiental e social da empresa se sobressai, pois busca impactar positivamente o meio ambiente, as comunidades locais, desenvolver programas sociais, culturais e de desenvolvimento local.
Práticas de destaque	A empresa mede a satisfação e a aceitação das comunidades com as atividades realizadas pela empresa em todos os municípios em que está presente. Além disso, há um cuidado em buscar empregar as comunidades locais, fixar os agricultores na terra, recuperar a vegetação e diversificar o cultivo, incentivando inclusive a plantar florestas nas propriedades rurais vizinhas.
	Foram criados os programas Rumos, Liderar, Ser e Ser Líder, com a intenção de apoiar a transformação cultural da empresa e desenvolver líderes alinhados à perspectiva de futuro da empresa. Busca-se formar gestores que compreendam profundamente o sistema, os valores e a cadeia de valor na qual estão inseridos.
	A empresa busca identificar situações de dependência química e subsidiar o tratamento, orientando inclusive os colaboradores quanto à resolução de problemas particulares.

MALWEE	
Ano de fundação	1968
Nacionalidade	Brasileira
Sede no Brasil	Jaraguá do Sul – SC
Segmento	Varejo e moda
Equipe	5.000 a 9.999 colaboradores
Destaque	Cultura consciente e avaliação dos colaboradores.
Inspiração	Uma grande parcela dos cargos é ocupada por pessoas das comunidades locais na empresa, preservando um espírito familiar e uma cultura de união.
Práticas de destaque	A Malwee tem um Código de Ética para normatizar as relações que a empresa possui com seus colaboradores, clientes e fornecedores, prezando por relações justas e éticas.
	Emprega conceitos de gamificação nos treinamentos e no desenvolvimento de pessoas, buscando assim maior diversão e fixação dos conteúdos propostos.
	Periodicamente existem reuniões de comitês de valores, os quais discutem os comportamentos internos, resultado em avaliações, planos e *feedback* individual para o desenvolvimento das lideranças do grupo.

MERCOS	
Ano de fundação	2010
Nacionalidade	Brasileira
Sede no Brasil	Joinville – SC
Segmento	*Startup* e serviços
Equipe	50 a 99 colaboradores
Destaque	Propósito e cultura consciente.
Inspiração	O propósito da Mercos é "movimentar a economia brasileira". Em 2018, eles movimentaram R$ 20 bilhões em sua plataforma. Nos chamou muita atenção o fato de as pessoas irem trabalhar com a intenção de movimentar a economia brasileira, isso cria um engajamento enorme, principalmente em momentos de crise econômica e altas taxas de desemprego.
Práticas de destaque	A plataforma da Mercos oferece o suporte para toda a operação comercial de um fabricante, um distribuidor, um representante. O principal diferencial é poder ajudar os clientes a potencializar as suas vendas, eliminando o trabalho operacional por meio do aplicativo móvel, tornando o processo de registrar um pedido muito mais fácil e rápido.
	A Mercos tem um *Culture Code*, documento que reúne os valores da empresa, bem como as atitudes esperadas e os comportamentos não aceitos.
	Prática de *feedback* rápido, contínuo e a qualquer momento do dia de trabalho.

MULTIPLUS	
Ano de fundação	2009
Nacionalidade	Brasileira
Sede no Brasil	Barueri – SP
Segmento	Serviços financeiros
Equipe	50 a 99 colaboradores
Destaque	Propósito e cultura consciente.
Inspiração	A Multiplus desenvolveu um modelo de negócio pioneiro no segmento, com o propósito de transformar comportamentos em experiências valiosas.
Práticas de destaque	A Multiplus possui um Modelo de Negócios baseado em parcerias, possibilitando a entrada de grandes empresas com alta contingência de consumidores.
	Embaixadores dos valores: foram eleitos colaboradores como embaixadores dos valores da organização, os quais se reportam diretamente para o Comitê Executivo da Multiplus. Essa ação aproximou ainda mais os colaboradores.
	A empresa desenvolveu o Ciclo de Inovação com a intenção de capacitar os próprios colaboradores no processo de inovação. São desenvolvidos conceitos, ferramentas e práticas de inovação, para exploração de ideias e elaboração de cases reais dentro da própria empresa.

NATURA	
Ano de fundação	1969
Nacionalidade	Brasileira
Sede no Brasil	São Paulo – SP
Segmento	Cosméticos
Equipe	5.000 a 9.999 colaboradores
Destaque	Propósito, orientação para *stakeholders*, cultura e liderança consciente.
Inspiração	Na Natura, persegue-se um sistema produtivo cíclico e sistêmico, que produz e se regenera. O compromisso é gerar valor e desenvolver tecnologias que se inspiram no movimento de regeneração da natureza, até se tornar uma empresa de impacto positivo. Isso significa não apenas compensar e neutralizar os efeitos da nossa cadeia produtiva, mas buscar entregar valor para toda a nossa rede de relações por meio de nossos produtos, serviços e canais de comercialização
Práticas de destaque	Foi a primeira empresa de capital aberto e uma das maiores empresas a entrar no Sistema B. A linha Natura Ekos é uma das primeiras linhas de produto do mundo a receber a certificação UEBT (União para o Biocomércio Ético), que reconhece o sistema de abastecimento ético de ingredientes naturais.
	A empresa também conta com uma Política Anticorrupção, a qual está alinhada com a legislação de todos os países que a Natura atua. Todos os documentos são disponibilizados através do site Relações com Investidores e são revisados com o apoio da alta liderança. Também possui o Comitê de Ética e Código de Conduta.
	Para garantir que a empresa acompanhe as ODS, a Natura assegura que todas as atividades relacionadas às suas marcas ou submarcas estejam atreladas a alguma questão global como a igualdade de gênero ou a biodiversidade, entre outros. Também busca desenvolver os fornecedores e as consultoras Natura.

CONHEÇA AS EMPRESAS HUMANIZADAS

RACCOON	
Ano de fundação	2013
Nacionalidade	Brasileira
Sede no Brasil	São Carlos – SP
Segmento	Marketing digital
Equipe	200 a 999 colaboradores
Destaque	Cultura consciente e orientação para *stakeholders*.
Inspiração	Na Raccoon, as pessoas têm espaço para serem elas mesmas e são respeitadas assim. Cuida-se com carinho do ambiente de trabalho e das pessoas
Práticas de destaque	A Raccoon é reconhecida como uma das melhores parceiras do Google na América Latina. A empresa tem inúmeros cases de sucesso gerando ROE muito acima da média para seus clientes.
	A empresa busca cuidar e desenvolver os seus colaboradores. Ela tem um prefeito, eleito anualmente pelos colaboradores e com um orçamento mensal simbólico para investir e gastar com os próprios eleitores. Além disso, em determinado momento, a empresa chegou a demitir um de seus clientes pois ele estava tornando a vida de um de seus colaboradores demasiadamente estressante.
	Existem grupos internos que buscam de maneira consciente, e também através de ações pontuais, fortalecer a cultura e a diversidade da Raccoon, como o grupo das mulheres, da diversidade e da cultura. Esses grupos são responsáveis por eventos, comunicações, rodas de conversa, entre outros.

RESERVA	
Ano de fundação	2004
Nacionalidade	Brasileira
Sede no Brasil	Rio de Janeiro – RJ
Segmento	Varejo e moda
Equipe	1.000 a 4.999 colaboradores
Destaque	Propósito, orientação para *stakeholders*, cultura e liderança consciente.
Inspiração	Rony Meisler é o líder mais citado em toda a Pesquisa Empresas Humanizadas do Brasil. Quando se referem a ele e aos outros fundadores da Reserva, as pessoas comentam que "o exemplo em ser do bem e tratar todos bem vem de cima". Rony inclusive costuma dizer que, se o conselho é bom, o exemplo arrasta.
Práticas de destaque	Programa 1P5P: a cada peça vendida nas lojas, no site e no atacado para as franquias e multimarcas, a Reserva doa cinco pratos de comida a quem tem fome pela ONG Banco de Alimentos. O site da empresa atualiza em tempo real o número de doações, e já foram doados mais de 30 milhões de pratos.
	A Reserva tem várias práticas interessantes com os seus colaboradores. Criou um Departamento da Felicidade, o Programa RH Parceiro, estimula o *feedback* constante, criou o projeto Cara e Coroa (para estimular a participação de candidatos com mais de 50 anos de idade em seu processo seletivo), e várias outras práticas inovadoras.
	A empresa reinventou toda a experiência de compra dos clientes com o programa Movendo o Céu e a Terra pelo cliente. São feitas ações de encantamento específicas para o cliente de acordo com o que os vendedores "pescam" dele durante o atendimento. Por exemplo, o cliente estava com crise de enxaqueca na loja, e os vendedores mandam entregar na casa dele um "kit enxaqueca" com remédios diversos para dor de cabeça, chocolate, um CD de meditação, um tapa olho para dormir e um bilhete desejando melhoras – tudo dentro de uma caixa bem bonita para encantar o cliente.

CONHEÇA AS EMPRESAS HUMANIZADAS

TETRA PAK	
Ano de fundação	1951
Nacionalidade	Sueca
Sede no Brasil	Monte Mor – SP
Segmento	Embalagens
Equipe	Mais de 10.000 colaboradores
Destaque	Orientação para *stakeholders*.
Inspiração	A Tetra Pak é a maior empresa do mundo em sóluções de processamento e envase de alimentos, ela sem dúvida ajudou a proteger alimentos, tornando-os seguros e disponíveis em todos os lugares do mundo. Embora a empresa tenha ajudado a erradicar a fome em várias regiões do mundo e tenha embalagens 100% recicláveis, ela também tem um grande desafio ambiental pela frente. No longo prazo, a Tetra Pak quer utilizar 100% de materiais renováveis, sem comprometer a segurança, qualidade ou funcionalidade dos alimentos. Portanto, ela pode influenciar positivamente os negócios do mundo todo.
Práticas de destaque	A Tetra Pak é um *benchmark* no desenvolvimento de líderes. Ela estimula e destaca os talentos internos, têm processos claros de aceleração de talentos, além de constantemente promover eventos e trazer pessoas-chave de fora da empresa para trocar experiências e gerar reflexões em seus colaboradores.
	A empresa desenvolve inúmeros projetos de apoio a cooperativas de recicláveis e de preservação de nascentes, que contribuem para redução dos impactos ambientais e favorecem as comunidades em que estão inseridos.
	A Tetra Pak desenvolve diversas ações de conscientização ambiental. Tem um evento itinerante no qual realiza a exibição gratuita de filmes com o objetivo de promover a importância e os benefícios da reciclagem para a comunidade. Tem também um teatro itinerante com o objetivo de incentivar a coleta e levar ao público o conhecimento sobre as cooperativas de catadores de material reciclável.

UNIDAS	
Ano de fundação	1985
Nacionalidade	Brasileira
Sede no Brasil	São Paulo – SP
Segmento	Serviços
Equipe	1.000 a 4.999 colaboradores
Destaque	Orientação para *stakeholders* e cultura consciente.
Inspiração	A fusão entre Locamerica e Unidas é um excelente case de fusão consciente no mundo, onde buscou-se preservar ao máximo a Cultura Consciente da empresa adquirida: a Locamerica comprou a Unidas, e a liderança conscientemente decidiu preservar a marca e a cultura da Unidas.
Práticas de destaque	Unidas de Portas Abertas (UPA): oportunidade para os familiares dos colaboradores conhecerem a história da Unidas, os negócios e o ambiente de trabalho na empresa. Existe também o UPA Kids, oportunidade para os colaboradores compartilharem um dia de trabalho com os seus filhos por meio de uma programação especial com as crianças.
	Indique um amigo: programa no qual um colaborador da empresa indica um amigo para que ele possa passar por um processo seletivo.
	Avaliação contínua e sistemática da satisfação dos *stakeholders* internos e externos, utilizando pesquisas como o NPS (Net Promoter Score).

CONHEÇA AS EMPRESAS HUMANIZADAS 211

UNILEVER	
Ano de fundação	1884
Nacionalidade	Anglo-holandesa
Sede no Brasil	São Paulo – SP
Segmento	Bens de consumo
Equipe	Mais de 10.000 colaboradores
Destaque	Orientação para *stakeholders*.
Inspiração	A partir de 2004, uma série de ações de reestruturação aconteceram na empresa, com ênfase em sustentabilidade. Essa reestruturação passou inclusive pela logo, transmitindo de forma direta os novos valores e a nova missão.
Práticas de destaque	A Unilever cria momentos para dialogar sobre o propósito de cada colaborador em sessões específicas, permitindo uma reflexão essencial para que as pessoas exercitem isso na prática de suas carreiras.
	A empresa colocou a sustentabilidade no centro da estratégia de negócio, traçando metas desafiadoras de longo prazo.
	A ética vem em primeiro lugar. Há engajamento constante em aprendizado de boas práticas e tolerância zero com desvios de ética e integridade. Ninguém na hierarquia da empresa está autorizado a abrir exceções em seus valores e princípios, ainda que por uma forte razão de resultado ou benefício imediato.

VENTURUS	
Ano de fundação	1995
Nacionalidade	Brasileira
Sede no Brasil	Campinas – SP
Segmento	Tecnologia de informação e serviços
Equipe	200 a 999 colaboradores
Destaque	Cultura consciente e orientação para *stakeholders*.
Inspiração	Os colaboradores relatam que trabalham felizes, sentem-se motivados, desafiados a estarem aprendendo sempre, valorizados e com espírito de equipe.
Práticas de destaque	Oferece treinamentos gratuitos para que os universitários possam conhecer como a empresa atua no mercado e ao mesmo tempo dando oportunidade de capacitação técnica para os mesmos.
	O acolhimento dos novos profissionais é especial. Há kit de boas-vindas, café da manhã, equipe aguardando pela chegada do novo profissional. As pessoas relatam uma ótima experiência. Os estagiários inclusive recebem um Programa de Mentoria voltado para o desenvolvimento humano.
	Os colaboradores têm diferentes meios de comunicação. A empresa aprendeu que comunicar tudo que acontece faz com que os profissionais sejam mais engajados com o negócio, e assim passam a acreditar naquilo que está sendo feito diariamente.

26 EXERCÍCIO: DIÁRIO REFLEXIVO

Gostaríamos de lhe convidar para fazer um exercício de Diário Reflexivo sobre os modelos de negócio e de gestão de sua própria empresa nas próximas páginas. Para tal, pedimos que você siga as seguintes instruções:

- » Vá para um local agradável e livre de interrupções na próxima meia hora;
- » Pegue uma caneta ou um lápis. A ideia é que você faça suas anotações no próprio livro;
- » Sente-se de maneira confortável para seu corpo;
- » Você pode alongar seu corpo antes de iniciar;
- » Se você se sentir confortável, aconselhamos que faça um exercício de meditação antes de iniciar o diário. Caso essa prática não seja comum, não tem problema, basta respirar e seguir em frente;
- » As próximas páginas possuem uma sequência de questões para provocar algumas reflexões. Conforme você lê as perguntas, pedimos que simplesmente escreva aquilo que vier a sua mente;

> Não existe certo ou errado. Aproveite o momento para capturar os *insights* que já estão presentes aí com você. A intenção do exercício é criar contexto e provocações para que essas ideias floresçam, permitindo que você consiga identificar oportunidades de melhoria em sua vida e em seu negócio.

1. Quais foram as histórias e/ou aprendizados que mais lhe chamaram atenção neste livro? Por qual motivo despertaram sua atenção?

2. Quais histórias inspiradoras, práticas de negócio ou gestão de sua empresa que poderiam vir a ser citadas na próxima edição deste livro? Por quê?

3. Como essas histórias e práticas foram criadas em sua empresa? Quais pessoas estavam envolvidas nesse processo? Qual era a verdadeira motivação dessas pessoas?

4. O que você poderia fazer para possibilitar que histórias como essas ocorram com maior frequência em sua própria empresa?

5. Por que as pessoas deveriam se apaixonar pela sua empresa? O que a torna diferente e especial no mercado?

6. Agora, coloque-se na perspectiva dos diferentes *stakeholders* de seu negócio. Se perguntarmos para eles "como é a experiência de se relacionar com sua empresa?", o que você acredita que eles responderiam?

Seja o mais autêntico e sincero possível, e lembre-se de que a falta de informações e perspectivas podem evidenciar possíveis pontos cegos de liderança e gestão.

6.1. A Alta Gestão responderia que a nossa empresa é...

6.2. Os colaboradores responderiam...

6.3. Os clientes responderiam...

6.4. Os fornecedores responderiam...

6.5. Os sócios/investidores/acionistas responderiam...

6.6. As comunidades ao redor responderiam...

6.7. Os ativistas e o meio ambiente responderiam...

Obs.: No futuro, recomendamos que você e a sua equipe façam entrevistas pessoalmente com 2 a 5 pessoas que representem cada um desses grupos de *stakeholders*.
Será um diagnóstico estratégico valioso para você e para sua empresa. No futuro, vocês também podem definir indicadores para monitorar a experiência e a percepção de valor gerado para cada *stakeholder*.

7. Ao refletir sobre a perspectiva multi-*stakeholders* de sua empresa, você notou algum ponto cego? Quais necessidades dos *stakeholders* não estão sendo atendidas? Ou quais oportunidades se revelaram para você neste momento?

8. Como você avalia o impacto econômico gerado por sua empresa? Quais indicadores são utilizados? Como está o resultado de sua empresa nesses indicadores? O que vocês poderiam fazer para melhorar?

9. Como você avalia o impacto social gerado por sua empresa? Quais indicadores são utilizados? Como está o resultado de sua empresa nesses indicadores? O que vocês poderiam fazer para melhorar?

EXERCÍCIO: DIÁRIO REFLEXIVO

10. Como você avalia o impacto ambiental gerado por sua empresa? Quais indicadores são utilizados? Como está o resultado de sua empresa nesses indicadores? O que vocês poderiam fazer para melhorar?

11. Diante dessas reflexões (questão 1 a 11), descreva os três principais aprendizados e insights obtidos por você neste momento.

12. No futuro, que notícias você gostaria de ver sobre sua empresa?

Gostaríamos de te convidar para fazer o seguinte exercício: imagine um momento no futuro, pode ser daqui 2, 5 ou 10 anos, como seria uma notícia sobre sua empresa que te encheria de orgulho e satisfação pessoal por ter feito uma contribuição para o mundo? O espaço abaixo representa a capa de um jornal, aproveite-o para sonhar e descrever como seria essa visão de futuro.

JORNAL NEGÓCIOS DE IMPACTO	
Data:	
Qual seria o título da notícia sobre sua empresa?	
Qual imagem estaria na capa do jornal?	Qual seria o texto da chamada?

EXERCÍCIO: DIÁRIO REFLEXIVO

13. **GERAÇÃO DE VALOR:** A partir das histórias que mais lhe chamaram atenção neste livro, das reflexões e dos aprendizados obtidos, quais são as ações que sua empresa poderia prototipar para ter um impacto ainda mais positivo no mundo?

Nos próximos _____ dias (curto prazo), nós poderíamos...

Nos próximos _____ meses (médio prazo), nós poderíamos...

Nos próximos _____ anos (longo prazo), nós poderíamos...

14. Para que essas ações sejam bem-sucedidas, quais novos contextos e experiências você precisa ajudar a criar? Como você poderia ajudar a desenvolver as pessoas, melhorar os relacionamentos e as práticas de sua empresa?

15. Por que essas novas experiências e práticas são importantes? O que te motiva a querer implementá-las?

16. Por fim, por que essas experiências são importantes para os *stakeholders* de sua empresa? Como você pode ser o exemplo dessa mudança de mundo?

ÍNDICE

A
Acordo de Paris, 9
Acumulação de renda, 19
Adam Smith, xviii, 91
Agricultura regenerativa, 157
Ambientalismo, 76
Ambiente
  corporativo, 62
  organizacional, 49
Análise de risco, 72
Aprendizado de máquina, 127
Aprendizagem rápida, 147
Associação Gaúcha de Proteção
    Ambiental, 77
Ativos
  intangíveis, 84
  tangíveis, 87
Autoavaliação, 125
Autoconhecimento, 3, 57, 63,
    150, 161
Autonomia, 22
Autoquestionamento, 98
Avon, 83

B
Banco Mundial, 6
Bancoob, 65, 67

Bem-estar, 167, 180
  coletivo, 12
  dos colaboradores, 48
  social, xxii, 17, 45
Biodiversidade, 24, 28, 86, 206
Blackrock, 35
Bolha da internet, 126
Braile, 112, 116
Braile Biomédica, 111

C
CACAU SHOW, 195
Cadeia de valor sustentável, 193
Capacidade
  criativa, 127
  de concentração, 124
Capitalismo, 20
  Consciente, 2, 21, 36, 44, 61,
      102, 154, 161
  liberal, 91
  nacional, 158
  selvagem, 75, 93
Cidadania corporativa, 147
CIELO, 196
ClearSale, 127
CNI, 19
Código de Hamurabi, 42
Coeficiente Gini, 8
Comércio global de
    mercadorias, 42

Comunicação
  corporativa, 105
  de causa, 105
Conscientização, 20
Conservadorismo, 27
Constituição de Chow, 42
Consumo
  consciente, 17, 20
  vazio, 17
Contaminação positiva, 21
Cooperativismo, 65, 68
Crescimento sustentável, 3, 176
Crise
  ambiental, 9
  de 2008, 72
  do subprime, xvii, 70
  financeira de 2008, 10
  hídrica, 158
Cultura
  consciente, xxvi
  corporativa, 128
  empresarial, 22
  organizacional, xxvi, 121
  startup, 146

D
Debate
  econômico, 16
Delorez Florence
    Griffith-Joyner, 123
Deltan Dallagnol, 107
Democratizar o acesso, 114
Desejo de mudança, 33
Desigualdade social, 32, 35
Desvalorização da mulher, 26
Desvios de conduta, 107
Diferencial competitivo, 53, 62
Dilema moral, 15
Diversidade, 25, 116, 174

E
Egito, 42
EHBR, 62
Elo7, 161
Empatia, 139

Empreendedores Conscientes,
    xix, xxv
Empreendedorismo, 128
Empresa Humanizada, 45, 62,
    71, 147
Equilíbrio emocional, 129
Era
  da Consciência, 35
  do Propósito, 35
Espírito empreendedor, 33
Estrutura
  corporativa, 160
  empresarial, 167
  organizacional, 86
Experiência civilizatória, 28

F
Fashion Rio, 95
Fator humano, 125
Fazenda da Toca, 156, 199
FIESP, 19
Filantropia, 100, 140
Fim da União Soviética, 77
Fluxo de capitais, 21
Forças
  econômicas, 31
  sociais, 31
Fundação Boticário, 78

G
Gerar oportunidades, 22
Gerar valor, 48, 60
Gerenciamento de crise, 105
Globalização, 7
Greta Thumberg, 159
Grupo Jacto, 201

H
Herança escravocrata, 27
Horácio Lafer Piva, 19, 25, 27
Hospital Israelita Albert
    Einstein, 111, 137
Humanização, 63, 139, 144

I
Igualdade social, 20
Império
 Chinês, 42
 Romano, 91
Inclusão, 21
Índice de Desenvolvimento Humano (IDH), 8
Indústria da moda, 97
Inflação, 56
Inovação, 42, 147, 176, 185
Instituto Capitalismo Consciente Brasil (ICCB), 36, 61
Inteligência artificial, 27, 127
Intercooperação, 69
Intuição, 85
Itamar Franco, 56

J
Jacto, 53, 55, 57, 59, 160, 201
João Paulo Ferreira, 83
JOHNSON & JOHNSON, 200
José Sarney, 56
Júlia Lima, 139

K
Klabin, 23

L
Larry Fink, 35, 37
Lava Jato, 57, 106
Liberalismo econômico, 8
Libertação feminina, 80
Liderança, 57, 109, 144, 159, 171
 antiautoritária, 25
 consciente, xxvi
 corporativa, 37
Livre
 mercado, 38
Livre iniciativa, 2
Livre mercado, xviii
Locamerica, 132, 210
Lucro, 63, 150
Luis Fernando Porto, 131
Luiz Seabra, 83

M
Machismo, 111
Malwee, 203
Marco Aurélio Almada, 65, 69
Meio ambiente, 17, 77, 158
Mercos, 150, 161
Meritocracia, 23
Miguel Krigsner, 75
Milagrinho econômico, 132
Millennials, 43, 143
Mindfulness, 128, 146
Missão, 63
Modelo
 de gestão, 45
 intervencionista, 9
Modo de produção, 68
Mudanças climáticas, 32, 35
Multiplus, 49

N
Nacionalismo xenófobo, 15
Natura, 36, 83, 87, 206

O
Objetivos de Desenvolvimento Sustentável (ODS), 159
O Boticário, 76, 80
Occupy Wall Street, 11
Ondas transformadoras, 31
Operação Lava Jato, xix, 1, 93
Oportunismo, 102
 do Bem, xxii
Organização Mundial de Saúde (OMS), 119

P
Patrícia Braile, 111
Patrimônio líquido, 69
Pedro Paulo Diniz, 155
Pensamento cooperativista, 67
Perspectiva evolutiva, 6
Peter Drucker, 67
PIIGS, 11

Plano
  Cruzado, 56
  Real, 56
Possibilidade de fracasso, 125
Práticas humanizadas, 46
Predisposição ao risco, 125
Primavera Árabe, 11
Primeira Guerra Mundial, 112
Problema do crédito, 67
Processo criativo, 97
Progressismo, 27
Propósito, xix, 41, 63, 103, 128, 155, 166, 188
  maior, xxv

Q
Quebra do Lehman Brothers, 132
Queda do Muro de Berlim, 77

R
Raccoon, 145, 207
Racismo, 26
Razão social, xxv, 35
Rentabilidade, 63
República Velha, 22
Reserva, xxi, 95, 99, 103, 119, 160, 208
Restrição ao consumo, 19
Revolução
  Bolivariana, 15
  digital, 32
  Digital, 42, 88
  Industrial, xviii, 16, 42, 67, 158
Ricardo Catto, 61
Riscos, 45, 109
  sistêmicos, 109
Rizoma, 157
Rony Meisler, 95, 208

S
Segunda Guerra Mundial, 6, 17, 52
Senso de responsabilidade, 22
Sérgio Moro, 107
Sete princípios do cooperativismo financeiro, 69
Shunji Nishimura, 201
Sistema
  de gestão, 45
  federativo, 70
  financeiro cooperativo, 67
  Único de Saúde (SUS), 114
Stakeholders, xix, 36, 45, 69, 96, 154
Storytelling, 105
Suméria, 42
Sustentabilidade, 21, 25, 86, 144, 181

T
Taxa de inflação, 56
Tetra Pak, 209
Transformação cultural, 23

U
Unidas, 131, 134, 210
Unilever, 211
Usain Bolt, 123

V
Valor, 54
  compartilhado, xxv
  intangível, 62
Valorização
  do humano, 62
  profissional, 133
Vantagem competitiva, xxvi, 81
Ventos revolucionários, 16
Venturus, 212

W
Whole Foods Market, 44